KB142499

최창의와 함께 걷는

교육
대전환의
새 길

_____님께

아이들의 '삶, 꿈, 길'을 함께 열어 주기 바라며

두 손 모아 드립니다.

2022년 2월,

 드림

최창의와 함께 걷는
교육 대전환의 새 길

초판 1쇄 인쇄 2022년 2월 8일
초판 1쇄 발행 2022년 2월 19일

지은이 최창의
펴낸이 김승희
펴낸곳 도서출판 살림터

기획 정광일
편집 조현주·송승호
북디자인 꼬리별

인쇄·제본 (주)신화프린팅
종이 (주)명동지류

주소 서울시 양천구 목동동로 293, 2215-1호
전화 02-3141-6553
팩스 02-3141-6555
출판등록 2008년 3월 18일 제313-1990-12호
이메일 gwang80@hanmail.net
블로그 http://blog.naver.com/dkffk1020

ISBN 979-11-5930-215-2 03370

최창의와 함께 걷는

교육 대전환의 새 길

살림터

뚜벅뚜벅,
창의 교육 숲을 가꿔 가는 길

이주영_어린이문화연대 대표

최창의, 올해로 그를 만난 지 40년이 됩니다. 1980년 초 새파랗게 젊은 새내기 교사로 만나서 한국글쓰기교육연구회, 민주교육추진 전국교사협의회, 그리고 전국교직원노동조합까지 같이 걸어왔습니다. 글쓰기회 연수 때 대동놀이 시간마다 늘씬한 키에 후리후리한 몸으로 훨훨 춤추며 판소리까지 흐드러지게 부르던 청년 교사 모습이 지금도 눈앞에 생생하게 떠오릅니다. 그런 젊음과 신명을 바쳐 겨레의 희망, 인류의 미래인 우리 아이들 삶을 가꾸는 참교육을 향해 가시밭길을 거침없이 뚜벅뚜벅 성큼성큼 걸어오는 모습을 지켜보았습니다. 10년이면 강산도 바뀐다고 했는데, 그 강산이 네 번이나 바뀌는 세월을 살아오면서 그의 교육에 대한 안목이 더 넓어지고 깊어짐을 느낄 수 있었습니다.

이번에 《교육 대전환의 새 길》이라는 책을 내게 되었다며 먼저 읽어 보고 추천 글 한 편 써 달라고 합니다. 아마 이런 긴 인연 때문에 한번 건네 본 말일 텐데, 냉큼 쓴다고 했습니다. 순전히 먼저 읽어 보고 싶은 욕심 때문입니다. 그동안 또 얼마나 깊어졌을까 궁금하니까요. 초고를 읽으면서 최창의 선생이 여전히 '우리 교육이 어디로 가야 할지에 대해 많은 고민을 하고, 참된 교육정책을 찾아보기 위해 연구하고, 많은 사람들을 찾아다니며 만났구나' 하는 생각이 들었습니다. 나무 한 그루 한 그루 꼼꼼하게 살펴보면서 숲 전체를 살펴보기 위한 노력이 보입니다.

1부는 우리 교육에 대한 생각을 다듬어 놓았습니다. 촛불 혁명을 완성하기 위해 교육이 가야 할 길이나 코로나19를 겪으면서 교육현장이 넘어가야 할 길, 누구나 평등하게 교육받아야 할 권리와 민주시민교육, 고교평준화 학생 배정 방식 개선, 혁신교육지구가 성공하기 위해서는 교육 주체들이 어떻게 해야 하는 굵직한 이야기부터 한 학교와 마을에서 우리 아이들이 행복하게 살아가는 세상을 만들기 위한 잘잘한 이야기까지 자기 생각을 진솔하게 보여 주고 있습니다.

2부는 20년 동안 살던 아파트를 떠나 영주산 아래 자연마을공동체에 새로운 보금자리를 틀면서 만난 사람과 자연, 아이들에 대한 이야기들입니다. 자연과 함께하는 마을공동체를 만들어 가는 과정에서 보고 느낀 밝음과 어두움은 아이들과 어른들이 함께 행복하고, 사람과 자연이 잘 어우러지면서 살아갈 수 있는 사회로 나가는 길을 생각해 보게 합니다. 아이들이 행복하게 살아갈 아동친화도시에서는 어린이날 제정 100주년을 맞이하는 우리 사회가 시간과 공간을 뛰어넘어 아이들을 어떻게 맞이하고 지켜 주어야 하는지를 돌아보게 합니다.

3부는 이 땅에 참된 교육을 가꾸기 위해 애쓰는 사람들을 만나서 '우리 학교와 아이들을 어떻게 살릴 것인가'에 대한 대담을 나눈 글입니다. 최창의는 이런 대담과 토론을 많이 했는데, 내가 함께 기획하고 참여한 대담이 어린이 월간잡지 〈개똥이네 집〉에 실었던 《전국 17명 교육감들과 나눈 교육 대담》입니다. 17곳 시도 교육감과 나눈 대담은 이미 단행본으로 출판되었고, 그 뒤 〈개똥이네 집〉에 연재했던 대담 기사를 이 책에서 다시 볼 수 있어 반가웠습니다. 사람들의 이야기를 귀담아들으면서 살펴보는 저자의 교육에 대한 애정 어린 눈과 마음을 느낄 수 있습니다.

이 책을 읽으면서 최창의 선생이 3선에 걸친 경기도교육의원을 하면서 쌓아 놓았던 경륜에 10여 년 교육 관련 시민운동가로 살면서 아이들과 학교와 마을 속에서 더욱 깊이 있게 성찰하며 성장해 온 내면을 가늠해 볼 수 있어 좋았습니다. 나아가 황폐해진 숲과 그 속에서 짓눌려 말라 죽어 가는 크고 작은 나무들, 그 나무를 살려 내 더욱 싱싱하고 푸르른 창의 교육의 숲을 가꾸고 싶어 하는 일꾼의 꿈과 의지가 풀풀 피어납니다. 참된 교육의 길에 들어선 지 40년을 넘어서지만 지금까지 몸과 마음이 여전히 청년 그대로 살아 있는 최창의 선생, 그 식지 않는 젊은 꿈과 열정과 경륜이 이 땅에서 아름답게 피어나길 바랍니다.

세상과 교육에 대한 질문이 모여 희망의 길을

최교진_전국시도교육감협의회장, 세종특별자치시교육감

가르친다는 것은 질문하는 일이고 가르치는 사람은 질문하는 사람입니다. 그럼 질문은 어디에서 올까요? 질문의 원천은 관심과 사랑입니다. 무엇보다 우리가 만나는 아이들 한 사람 한 사람에 대한 관심과 사랑이 중요합니다. 누구 하나 똑같지 않은 우리 아이들의 얼굴과 눈빛을 들여다보면 저절로 질문이 생깁니다.

"어젯밤 꿈속에서 보았던 구름 위 세상은 어떠했니?

아침 등굣길에 마음을 주었던 담장 밑 꽃은 무슨 색깔이었니?

오늘은 또 어떤 새로움으로 너의 하루를 채울 거니?

미래의 너는 어떤 모습일까?

그리고 너의 하루하루는 여전히 찬란하니?"

아이들의 맑은 눈망울 속에서 이런 질문에 대한 답을 찾다 보면 자연스레 다음의 질문이 떠오릅니다.

"이 아이들의 해맑은 웃음을 지켜 주기 위해 우리 교육과 교사는 무엇을 해야 할까?"

아마도 이 질문이 아이들에 대한 사랑이 전부였던 교사 최창의 선생님을 모진 해직의 길로 그리고 교육운동가로 나아가게 했을 것입니다. 그리고 그 와중에도 그는 질문하기를 멈추지 않았습니다.

우리 아이들에게 바람직한 교육환경을 만들어 주기 위해서는 무엇을 해야 하고 무엇이 필요한지 질문을 던졌습니다. 같은 질문을 가진 사람들과 함께 교육시민단체를 만들었고 교육의원이 되어서는 이제는 상식이 된 무상급식을 지켜 냈습니다. 혁신교육의 가장 든든한 우군이었고 한때는 교육연수원장으로서 경기도 교육공무원들의 역량 강화를 책임지기도 했습니다. 교육감들과 함께 교육부의 교육자치정책협의회 위원으로서 유·초·중등교육의 지방교육자치 강화를 위해 노력하기도 하였습니다. 그렇게 최창의와 함께 우리 교육은 조금씩 나아졌습니다.

세상이 달라졌습니다. 4차 산업혁명 시대가 열렸습니다. 축적된 지식보다는 그 지식을 활용할 수 있는 창의력, 문제해결력, 협업과 소통의 능력이 더 중요한 세상이 되었습니다. 여기에 더해 코로나19 팬데믹은 우리의 일상을 전복했습니다. 새로운 교육은 상상이 아닌 실감의 영역이 되었습니다. 학교에 대한 기대도 달라졌습니다. 가르치고 배우는 일이 전부이던 학교는 이제 아이들의 배움과 삶을 돌보는 공간이 되었습니다.

문자 그대로 역동의 시간이 열렸습니다. 세상이, 교육이, 학교가 달라지고 있습니다. 그 어느 때보다 질문이 필요한 시기가 되었습니다. 우리 공동체가 지향할 바람직한 미래와 교육의 역할에 대한 질문이 필요합니다.

마침 여기 여전히 아이들에 대한 사랑이 전부인 '교육 전문가' 최창의가 우리 세상과 교육에 던진 질문이 모여 있습니다. 질문과 답이 모여 '희망의 길'을 이루었습니다. 유아교육에서부터 고등교육까지, 학교와 마을에서 교육청과 정부의 교육정책에 이르기까지 그의 경험치만큼이나 풍성하고 드넓은 교육 대전환의 길입니다.

많은 독자들이 이 교육 대전환의 길을 거닐며 우리 교육에 대한 답을 찾았으면 좋겠습니다. 그렇게 찾은 답들이 모여 우리 교육이 한 걸음 더 나아가기를 소망합니다. 함께 거닐 교육의 큰길을 만들어 준 최창의 선생께 감사드립니다.

사랑의 교육을 꿈꾸는 사람들이 함께하는 책

아이들을 향한 사랑의 꽃이 피고 있어

정성진_목사, 사단법인 크로스로드 대표

최창의 선생님을 생각하면 가장 먼저 열정이란 단어가 떠오릅니다. 열정이란 살아 있는 존재에 불어넣는 숨결과 같은 것입니다. 죽어 가는 교육생태계에 숨결을 불어넣기 위해 오늘도 불철주야 달리는 선생님의 모습이 눈앞에 선합니다.

문득 '왜 이 사람은 교육에 이렇게 목숨을 걸까?'라는 생각이 들었습니다. 그러다가 이 책의 한 줄이 그 답을 주었습니다. "교사가 모든 것을 잃어도 아이들에 대한 사랑을 잃어버리면 끝입니다."

그렇습니다. 모든 직업에는 소명의식이 있습니다. 그리고 소명은 결국 '사랑'에서 비롯된 것입니다. 최창의 선생님 마음속엔 여전히 아이들을 향한 사랑의 꽃이 피고 있습니다.

《교육 대전환의 새 길》을 읽다 보면 운동장에서 즐겁게 뛰노는 아이들의 웃음소리가 귓가에 들려오는 듯합니다. 이 책을 통해 우리 모두가 꿈꾸는 행복한 학교, 미래를 준비하는 창의 교육이 이 땅에 흘러넘치길 기원합니다.

뜨거운 사랑의 교육을 꿈꾸는 사람들이 함께하고 싶은 책

김현수_명지병원 정신건강의학과 임상교수, 성장학교 별 교장

최창의 선생님은 교사로 청춘을 불태우셨고, 경기도교육의원을 역임하셨고, 행복교육포럼을 통해 학부모 및 지역사회와 가교 역할을 몸소 실천하셨지요. 그리고 지역에서는 아버지 합창 모임도 하면서 간혹 텃밭도 가꾸고 아이들과 함께 노래도 잘하시는 최창의 샘의 교육 이야기를 잘 들었습니다.

주장의 글도 있지만 섬김의 글이 제일 많은 책입니다. 최창의 샘이 이루어 가고 있는 울창한 참교육의 숲에서 우리가 함께 미래를 기약할 수 있는 이슈들을 만날 수 있어 반가웠습니다. 교육현장 속에서 사랑의 마음으로 돌보고자 하는 마음이 담긴 이 책이 함께 꿈꾸는 사람들에게 큰 도움이 되길 바랍니다.

피 흘리며 아이들을 지켜 내는 위치에 서 있을
그를 성원하며

송인수_교육의봄 공동대표

우리는 저마다 아이들을 위해 무엇인가 하겠다는 마음으로 교육
운동을 해 왔다. 선생으로 부모로, 때로 자기 직업을 내려놓고 직업
운동가로 말이다. 그 여정에서 늘 나를 긴장시키는 것은, '변심'이다.
아이들을 위해 일해 온 뜨거웠던 삶이 세월이 지나 목적을 잃어버
리고 자기가 중심이 되는 삶, 그게 워낙 자연스러워서 스스로가 변
심했다는 것 자체를 모르는 삶 말이다. 그래서 마음속에서 언제부
터인가 아이들의 우는 소리가 들리지 않고, 그 소리가 들리지 않는
다는 것조차 마음 아프지 않고, 대신 내가 정당하게 대접받지 못하
는 것에 더 예민하고 노여워하는 삶, 아이들을 위해 권력이 필요하
다고 말했지만 막상 권력을 잡으면 더 큰 힘이 있어야 아이들을 지
킬 수 있다고, 지금 자기 힘을 쓰지 않고 조심하는 삶. 누구를 떠올
리며 비난할 것도 없이, 우리 모두는 다 그런 변심의 칼날 위를 살
아간다. 두려운 일이다.

최창의 대표님의 글을 읽어 보며, 어쩌면 이분은 그렇지 않겠구
나 안심했다. 자녀의 결혼을 앞두고 아들에게 보낸 편지에서, 좋은
교사운동 김진우 대표와 나눈 대담 글에서, 마을의 벗들과 함께하
는 일상의 소박한 이야기 속에서 그다움을 지켜 내고 있는 그 삶,

그의 시선을 보고 반가웠다.

이미 그래 오셨지만, 앞으로도 피 흘리며 아이들을 지켜 내는 위치에 서 있을 그를 상상하고 성원한다. 그때 그만큼은 변심하지 않기를 바랄 뿐이다.

교육을 생각하는 분들이 두루 보았으면 하는 책

이영근_둔대초 교사, 초등토론교육연구회 회장

저는 '우리말 공부 모임'을 달마다 하고 있어요. 농사짓는 철학자 윤구병 선생님과 하룻밤을 함께하는데 최창의 선생님도 함께하십니다. 그때마다 선생님 교육 생각을 조각조각 듣다가 책으로 온전히 만나게 되니 큰 강을 만난 것 같습니다.

먼저 눈에 띈 건 교육을 바라보는 눈이었습니다. '교육은 사람을 사람답게 하는 것이며, 교육이 우리의 미래이고, 아이들의 희망이다'라는 말씀이 우리 모두 마음 깊이 꼭 잡고 있어야 할 바탕이라고 생각합니다.

지금 우리 교육은 코로나19로 겪는 어려움, 지나친 입시 경쟁과 엄청난 사교육비, 정체된 교육정책과 형식화된 혁신교육 같은 것으로 뒷걸음치고 있습니다. 이에 선생님은 '시도교육청 권한 이양과 분산, 교사회·학생회·학부모회 등 자치 조직의 법제화, 교육과정 편성과 운영의 자율권, 교사의 수업 교재 제작 및 평가권, 예산 편성 자율권, 학교장 선출권, 부당한 행정명령 거부권'을 주장하십니다.

이 같은 일을 위해 국민 토론회를 열어 함께 길을 찾자고 제안하네요. 찾은 길도 찾자는 방법도 마음에 들어요. 하나같이 우리네 학교에서 더 잘 살 수 있는 방안이니까요. 평소 하던 말씀을 들으며 들었던 믿음이 글을 읽으며 더 깊게 새겨집니다.

이 책은 교육을 생각하는 많은 분들이 두루 보면 좋겠어요. 책 속 교육 생각은 어디든 언제든 어둠을 밝히는 길을 보여 주고 있어요. 특히 교육청, 학교에 계시는 교육과 관련된 일을 하시는 모든 분들과 학부모님들은 꼭 읽어 보았으면 합니다.

우리 아이들 살리는 교육의 디딤돌이 되리라

윤구병_농부철학자, 변산공동체학교

나는 최창의 선생님을 한국글쓰기교육연구회 회원으로 만나서 이오덕 선생님과 아이들을 살리고 참삶을 가꾸는 교육을 실천하고자 애쓰는 방방곡곡 선생님들과 함께 배우고 나누는 즐거움을 맛보았다. 그 뒤 경기도교육의원으로 세 번 선출되어 아이들을 살리기 위해 꼭 필요한 제도와 행정을 바꾸려 애쓰는 이야기를 가끔씩

들고 격려하기도 했다.

　이번에 내는 책 원고를 살펴보면서도 변함없이 교육을 바꾸는 일에 정성을 다하는 모습을 확인하였다. 그는 민주시민교육의 바탕인 토론 교육을 강조하고, 학생들이 더 이상 좌절하지 않도록 입시제도를 바로잡는 일에도 의견을 보태고, 행동으로 나섰다. 전국 17곳 진보 교육감을 두루 만나 교육개혁 방안을 논의하고, 교육정책을 바꾸기 위한 문제점도 정확하게 짚어 내고 있다.

　나는 다른 자리에서도 이렇게 말한 적이 있다. 최창의 선생님이야말로 '교육에 인생을 건 사람'이 틀림없다고. 그이가 교사에서 교육의원으로, 교육연수원장으로 일하면서 열정을 다한 모습은 우리 아이들을 살리는 교육으로 나아가는 디딤돌이 되리라고 믿는다.

아이들의 '삶, 꿈, 길'을 활짝 열어 주는 교육세상으로

새해가 되면서 더 깊숙이 고민하는 시간이 많아졌습니다. 어느덧 인생의 후반을 바라보는 나이를 먹었습니다. 남은 삶을 어떤 발걸음 으로 걸어가야 할지요. 무엇을 이루기 위해 여생을 바쳐야 할지요. 숙고 끝에 이 책을 준비하면서 마음을 다잡기로 했습니다. 제가 살 아오는 과정에서 책을 펴낼 때마다 삶의 매듭을 지어 왔다는 생각 이 들었거든요. 몇 년 주기로 지나온 날을 성찰하면서 새로운 계획 을 설계하곤 했습니다.

현장 교사로 일하거나 교육운동을 하던 시절에는 주로 아이들 책을 썼습니다. 이오덕 선생님께 배운 작은 실천으로 어린이 글쓰 기 배움책과 지도서를 몇 권 펴냈지요. 그런 책을 쓰면서 교사로 부 끄러움도 알고 아이들 사랑을 다져 갔지요. 12년의 경기도교육의원 선출직을 마치고 교육감에 도전한 2014년도에는 《행복한 창의 교 육》이라는 수상집을 내면서 지나온 교육 활동을 정리하였습니다.

교사 생활 후반기부터 교육의원 3선 기간 동안에 교육 변화와 행복한 학교를 위해 애써 온 순간들을 담았습니다. 교육의 한가운데에서 살아오면서 겪은 아픔과 보람, 기대와 소망들이 켜켜이 쌓인 책이었지요.

2016년도에는 《교육 대담》이라는 색다른 책을 한 권 내놓았습니다. 2014년도에 치러진 지방자치선거에서 당선된 교육감들과 나눈 교육정책 이야기입니다. 17명의 시도 교육감 한 사람 한 사람을 모두 만나 살아온 삶부터 학교현장에 대한 생각까지 두루 묻고 들은 내용입니다. 이 과정을 통해 전국 교육감들이 그려 가는 교육정책 방향을 한눈에 알아볼 수 있었지요. 또한 서로 간의 교육정책에 대한 견해와 특성을 견주면서 우리 기대가 어떻게 실현되는지 점검해 보기도 했습니다.

이렇게 펴낸 책들이 줄곧 교육과 함께 살아온 제 인생을 성찰하고 새로운 방향을 찾는 길잡이가 되곤 했습니다. 이번에 세상에 나온 《교육 대전환의 새 길》도 그렇습니다. 이 책은 2015년도 이후 지금까지 틈틈이 우리 교육을 생각하며 쓴 칼럼을 모은 것입니다. 시기마다 쟁점이 되는 교육 현안과 교육정책들을 두고 비판적인 견해나 의견을 나타내고 나름 대안도 제시해 보았습니다. 최근 2022 대선 후보 교육 공약 제안부터 지나간 문재인정부의 교육자치 정책 협의에 이르기까지 시대적인 교육 조류를 살펴볼 수 있을 겁니다.

책 전체 내용을 개괄적으로 소개하면 이렇습니다. 1부 '우리 교육의 새 길을 그리며'는 주로 교육문제에 대한 산문들입니다. 아이들의 구체적인 학교생활과 심리, 혁신교육과 유보통합 같은 주요 교육 현안에 대해 이해하고 방향을 찾는 데 도움이 되리라 봅니다. 2부는 제가 일상을 살아가면서 느끼고 생각한 것, 마을살이를 하면서 겪은 일들을 진솔하게 쓴 글모음입니다. 새해에 착하게 살기 다짐, 트로트 방송에 취해 있다 깨어난 이야기, 마을에서 사람이 다시 보이는 삶들을 들여다보며 맛보는 재미가 쏠쏠할 겁니다.

3부는 제가 존경하는 사람들과 나눈 이야기를 담아 놓은 대담집입니다. 예전에 펴낸 교육감들과 주고받은 《교육 대담》의 2탄 비슷한 것이지요. 일반 학교가 포기한 아이들을 모아 직업 교육을 하는 방승호 교장 선생님, 사교육 걱정 없는 세상을 만들기 위해 애쓰는 윤지희, 송인수 대표, 정신과 의사로 장애대안학교를 일군 김현수 원장, 시대의 큰 어른 채현국 이사장, 탈핵운동의 전도사 김익중 교수에 이르기까지 우리 사회에서 그야말로 빛과 소금 그 자체로 살아가는 분들입니다. 이분들을 만나 이야기를 나눈 것 자체만으로도 저에게는 영광이고 큰 가르침이었습니다. 나눈 이야기가 생생하고 소중해서 우리 사회에 선한 영향력을 퍼뜨리는 만리향이 되리라 믿습니다.

돌아보면 저는 20대 중반에 교사로 출발해 60대 환갑을 넘은 오늘까지 오직 교육의 한길만을 걸어왔습니다. 그 자리는 교사로 시작해 교육운동가, 교육의원, 교육단체 대표, 교육연수원장 등 여러 직책을 거쳐 왔습니다. 하지만 가슴속에 오직 한 가지인 우리 아이들이 행복한 교육만을 꿈꾸며 교육개혁을 위해 부단히 실천하고 행동해 왔다고 감히 자부합니다. 그 길이 성공했다고 자신할 수는 없지만 오늘도 꾸준하고 끈질기게 교육 대전환의 길을 닦아 가는 중입니다. 교육 대전환의 새 길은 갑자기 떨어진 교육 방향이 아닙니다. 우리 아이들이 입시 경쟁과 서열화의 고통에서 벗어나 자신의 참된 삶을 가꾸는 교육을 함께 찾아보자는 바람 그 자체입니다. 저와 여러분이 함께 아이들의 행복한 '삶, 꿈, 길'을 활짝 열어 주는 교육세상으로의 전환입니다.

　이 책을 세상에 내놓는 날, 저는 인생의 마지막이라는 일념으로 또 다른 도전에 나섭니다. 그 결과가 어떻게 되든 교육과 아이들을 위해 마땅히 해야 할 일이라고 믿기에 용기 있게 나서려고 합니다. 부족한 책을 내기까지 격려하는 추천글을 써 주신 이주영 선생님, 최교진 교육감님을 비롯해 윤구병 선생님, 정성진 목사님, 김현수 원장님, 송인수 대표님, 이영근 선생님께 깊은 감사를 드립니다. 바보처럼 사는 남편을 끝내 응원해 주면서 올해 들어 교직을 마무리하는 아내 이은선 선생에게도 사랑을 보냅니다. 이 책을 읽는 여러분께도 평화와 행복의 기운이 늘 함께하길 기원합니다.

2022년 2월, 우리 설날에

최창의 씀

차례

1부 우리 교육의 새 길을 그리며

2부 마을공동체와 더불어 살아가며

3부 참된 교육을 가꾸는 사람들

_ 교육 명사 5인과 최창의 교육 대담

1부

우리 교육의
새 길을 그리며

2015년 3월 이후부터 최근까지 우리 교육의
현재와 앞날을 생각하면서 쓴 글들입니다. 그
시기는 경기도교육의원 임기를 마치고 이어진
경기도교육감 경선에서 뜻을 이루지 못한 뒤
여러 교육단체 활동을 하거나 교육연수원장으
로 일할 때입니다.
교육 현안이 생길 때마다 교육 현실 모습과 문
제점, 바람직한 정책 방향과 대안들을 제시한
칼럼인데 대부분 경인일보, 경기일보, 고양신
문 등 지방신문에 실렸습니다.

공부 잘해서
남 주는 사람을

의대 정원 확대를 반대하며 의사와 전공의들이 진료 거부에 들어간 걸 두고 비난이 거세다. 환자들 생명은 아랑곳없이 자기들 욕심만 앞세운다고 나무란다. 더구나 많이 배우고 공부를 잘해 의사가 된 사람들이 사회적 책임이나 공공의식이 없다고 탄식한다. 그런데 보도 기사를 보다가 눈에 들어온 '공부 잘한 의대생들'이라는 표현이 가시처럼 걸렸다. 학교 다닐 때 귀에 못 박히도록 자주 들었던 '공부' 이야기가 왜 나온 걸까?

어른들은 우리가 자랄 때 쉴 새 없이 공부하기를 요구했다. 아마 부모나 교사들이 애들에게 가장 많이 하는 말도 "공부해라"일 것이다. 하라는 공부 안 하고 놀거나 돌아다니면 "공부해서 남 주냐"고 윽박질렀다. 가끔씩 "배워서 남 주냐"는 훈계 비슷한 핀잔도 들었다. 자주 반복해서 말하고 듣다 보니 가훈인 듯 그렇게 믿고 따랐다. 열심히 공부하면 남 좋은 일 하는 게 아니라 자기 잘 먹고 잘

사는 거라고 아로새겼다. 그래서 교과서와 참고서 달달 외우느라 밤을 패고 코피를 쏟았다. 남보다 공부 잘하고 앞지르기 위해 앞만 보고 달렸다. 친구들을 밟고 위만 보고 올라갔다.

학교 다니다 잘못을 저질러 붙들려 가면 험한 말도 예사로 들었다. "공부도 못하는 놈이 그런 말썽까지 피워." 이런 고약한 꾸지람에 얹혀 출석부로 뒤통수를 후려 맞거나 막대기로 뱃살을 찔리기도 했다. 공부를 잘하면 곱게 봐 주거나 눈감아 줄 수도 있다는 속뜻을 뼈저리게 곱씹어야 했다. 그만큼 우리 학교 사회에서 공부를 잘한다는 것은 엄청난 우대권이고 기득권이었다. 공부를 잘한다는 이유 하나만으로 특별한 대우를 받으며 학교생활을 할 수 있었으니 말이다.

공부 잘하는 아이들이 누린 특권적 지위와 우대는 흘러간 옛 노래가 아니다. 지금 시대에 와서 오히려 심화되고 굳건하게 제도화되기에 이르렀다. 예전의 공부 서열은 우열반을 가르거나 일류 대학에 입학하는 지위를 누리는 수준이었다. 그러나 이제는 부모 재력에 따른 사교육으로 불평등 격차를 더욱 벌리고 아예 일부 귀족학교를 담을 쳐 갈라놓기도 한다. 이른바 공부 잘한 아이들만 입학한다는 특목고와 자사고는 일반 공립고 3~5배의 학비를 받아 최고의 환경과 교육 여건을 만들어 운영한다. 이런 특별한 학교 아이들은 학급당 학생 수 20명 남짓한 학습 여건에 기숙사까지 갖춰 먹고 자며 공부만 하고 있다.

학생을 마치 공부 기계처럼 여기고 편을 가르는 수단이 되어 버린 '공부'는 본디 어때야 하는가. 사전에서는 공부를 "학문이나 기술을 배우고 익힘"으로 풀이해 놓았다. 영국의 저명한 철학자 허버트 스펜서는 일찍이 "교육의 목적은 인격의 형성이다"라고 말했다. 진정한 공부라면 사람으로서 가진 사람다운 심성과 인품을 닦아야 함을 이르는 명언이다. 더 나아가 공부는 삶을 가꾸고 세상을 살아가는 데 도움이 되어야 한다. 공부를 통해 자신과 세계를 이해하고 삶의 문제를 스스로 해결하는 능력을 길러야 하는 것이다. 신영복 선생이 《담론》에서 공부는 머리가 아니라 가슴으로 하는 것이며, "가슴에서 끝나는 여행이 아니라 가슴에서 발까지의 여행"이라고 그 본질을 환히 밝혀 놓지 않았던가.

그러나 참으로 안타깝게도 아이들을 죽자 살자 내몰아 강요하는 오늘날 공부는 진정한 의미의 공부와 거리가 멀다. 그저 시험문제 잘 풀어서 이름난 대학에 진학하는 목표를 최우선으로 삼는다. 지식을 활용하여 삶의 문제를 해결하는 능력과 창의적인 생각을 키우는 건 뒷전이다. 오로지 교과서와 참고서에 들어 있는 지식을 반복해 외우거나 짜 맞춰 시험지를 잘 푸는 게 지상과제가 되었다. 따라서 가슴의 감성은 바짝 마르고 손발은 제대로 놀리지 않더라도 오직 머리만 잘 쓰게 하면 된다. 머리 굴리는 잔재주만 발달된 기형적인 가분수 인간을 기르고 있는 것이 부정할 수 없는 슬픈 교육 현실이다.

이번 공공의료 정책 추진 과정에서 정부 당국의 미숙함도 없지는 않다. 하지만 의사들의 집단적인 진료 거부에는 시험공부가 키운

우매한 우월의식과 이기심이 독소처럼 작용했다는 걸 알아야 한다. 공부를 많이 하는 것보다 중요한 건 무엇일까? 바로 공부 잘해서 어떤 점수를 얻었는가보다 어떤 사람이 되었는가에 관심을 두어야 한다. 배우고 공부해서 자기의 뱃속을 채우는 게 아니라 남 주기를 잘하는 사람을 키우면 좋겠다. 지금 우리를 가두고 있는 공부에 대한 그릇된 인식 틀부터 망치로 깨뜨리는 데서 다시 시작해 보자.

2020. 9. 2.

요즘 아이들이
겪는
마음고생

얼마 전 김현수 선생이 새 책을 내겠다며 추천사를 부탁해 왔다. 그이가 청소년들에게 갖는 애정이 얼마나 큰지 아는지라 반가워서 선뜻 쓰겠다는 대답을 했다. 김현수 선생은 우리 고양지역에 있는 병원의 정신과 의사인데 학업중단 청소년들 대안학교인 '성장학교 별'의 교장으로도 일한다. 그러면서 학업중단, 가출, 비행, 학교폭력, 인터넷 중독, 은둔형 외톨이 등 다양하게 아픈 청소년들의 어려움과 함께해 왔다. 그가 만나고 겪은 이 시대 청소년들 삶과 현실을 여러 권 책으로 펴내서 널리 알려진 청소년 전문가이다.

김현수 선생이 현장에서 아픈 아이들을 만나면서 책으로 알리는 진단과 경고는 매우 의미심장하다. 그는 일찍이 아이들이 겪는 약물 중독, 게임 중독 문제를 낱낱이 파헤쳤다. 그 뒤《중2병의 비밀》,《공부 상처》,《교사 상처》,《무기력의 비밀》같은 책에서 시기마다 아이들을 둘러싼 사회문제를 생생하고 분명하게 고발하였다. 여기에는 정신과 의사로서 만난 아이들에 대한 정확한 진단뿐만 아닌 처방까지 담겨 있어 주목하지 않을 수 없다. 특히 최근에는 '아이가 힘든 것이 단지 부모만의 문제가 아니라 사회의 문제'라는 인식을 갖고 정부기관, 시민모임과 문제 해결을 도모하고 있기도 하다.

이번에 펴내는 아이들 마음고생의 비밀을 다룬 책도 우리 모두가 귀를 활짝 열고 들어야 할 아이들이 터뜨리는 비명이다. 어른들은 보통 '어릴 적 고생은 사서 한다'면서 아이들 고생을 모른 척하거나 '요즘 아이들은 고생을 모른다'고 쉽게 덮어 버리곤 한다. 그러나 조금만 아이들 편에 서서 요즘 현실을 들여다보면 아이들이 얼마나 고통스러워하고 힘들어하는지 알 수 있다. 해맑게 자라야 할 아이들이 자신들 의사와 무관하게 어른들이 쳐 놓은 경쟁 구조와 대리 욕망 속에서 갖은 마음고생을 하고 있다. 올해 초 사회적 화제가 된 드라마 〈스카이캐슬〉에서도 부모들 욕망의 덫 속에서 개고생하는 아이들 모습이 적나라하게 드러나지 않았는가.

인간의 일차 기본 여건인 먹고 자는 조건은 과거보다 훨씬 나아진 게 사실이다. 하지만 우리 사회가 벌이고 있는 성적지상주의 입시 경쟁 속에서 아이들은 고난의 행군을 멈추지 못하고 있다. 오직 서열화된 명문 대학에 진학하기 위해 유치원 때부터 피 말리는 경쟁을 거듭한다. 밤낮으로 학교와 학원, 과외 공부에 마치 양계장 속의 닭들처럼 갇혀 공부 기계로 살아간다. 공부를 하는 진정한 뜻도 모른 채 맹목적으로 시험점수 따고 남보다 순위 경쟁에서 앞서가기 위한 시험 대비 훈련에 내몰리고 있는 것이다.

이처럼 숨 막히는 입시 경쟁 교육 속에서 해마다 100명에 가까운 우리 아이들이 스스로 자기 목숨을 끊고 있다. 사람답게 행복하게 살아가기 위해서 해야 하는 공부가 아이들을 죽음으로 몰아넣고 있는 것이다. 이 세계 어느 문명국가에서 우리처럼 학업 성적을 비관해 꽃 같은 아이들이 자살을 하고 있단 말인가. 김현수 선생은 《요즘 아이들 마음고생의 비밀》에서 아이들이 촘촘히 가시처럼 박힌 경쟁 구조 속에 신음하면서 이번 생에서는 자신들이 쓸모없거나 실패했다고 단정 지어 버린다고 했다. 그러면서 마치 유행병처럼 자기들 손목 동맥을 긋는 일이 빈번해졌다고 탄식한다.

촛불로 탄생한 새 정부에서는 여러 혁신적인 정책을 내세우며 변화를 추진하고 있다. 하지만 안타깝게도 우리 교육은 아직까지 비정상을 되풀이하면서 시원스러운 해결책을 찾지 못하고 있다. 그 굴레 속에서 여전히 절망하고 포기하는 아이들을 생각하면 가슴이 아프다. 따라서 이 나라의 책임 있는 어른이라면 자기 삶을 스스로 결정해 살지 못하고 방황하는 아이들을 어떻게든 구해 내야 할 것이다. 아이들이 겪는 고통을 쓸어 내고 행복한 삶을 위한 근본적인 교육 대안을 만드는 것은 시대의 소명이라 해도 지나치지 않다.

다행스럽게도 김현수 선생은 아이들이 겪는 고생과 괴로움을 드러내는 데에만 그치지 않는다. 새로운 행복, 새로운 사회를 위한 담론을 함께 만들어 가자고 결론으로 제안한다. 그러면서 아이들 가슴속에 희망의 불꽃을 지피는 점화술을 하나하나 내놓고 있다. 이런 그의 제안과 해결책이 우리 아이들을 마음고생에서 벗어나게 하고 살려 내리라 믿는다. 우리 어른들이 이 책을 읽으면서 아이들 곁에 진정으로 다가가 마음고생을 걷어 내는 길에 너 나 없이 나서 주길 간절히 바란다.

2019. 4. 10.

대선 후보들의
시원한 교육정책을

　바야흐로 정치의 계절이다. 내년도 대통령 선거가 다가오면서 각 정당 대선 후보 경선이 한창이다. 대표선수 한 명만 뽑는 경쟁장이라서 그런지 치열하다 못해 살벌하기까지 하다. 후보들은 정책 공약을 앞서거니 뒤서거니 내세우고 정책 토론 열기도 뜨겁다. 후보들이 내놓은 정책을 면밀하게 뜯어 보면 시대 현실을 어떻게 인식하는지 가늠할 수 있다. 또 국민 요구를 정확하게 받아들여 대안을 제대로 제시하고 있는지도 구별해 볼 수 있다.

　이번 경선 국면에서는 아무래도 부동산 문제와 경제 문제가 중요하게 다뤄지고 있는 듯하다. 특히 문재인정부에서 치솟은 부동산 가격을 안정시키려고 백방의 공급 대책을 내놓고 있다. 실현 가능성이야 모르겠지만 나올 만한 방안은 모두 뽑아낸 듯하다. 경제 정책 또한 성장과 일자리 확충 중심으로 구체적인 방안을 제시하고 있다. 이에 더해 각종 복지와 청년 정책도 연일 쏟아져 나오고 있다.

그런데 이렇게 무수한 공약 가운데 아직까지 교육에 대한 정책은 숨죽인 듯 고요한 편이다.

교육은 흔히 나라의 백년대계라고 한다. 그만큼 멀리 내다보고 설계하는 으뜸 계획이자 기본이라는 것이다. 그런데 정작 선거철이 되면 그 중요성과 달리 뒷전으로 밀리는 게 교육문제이다. 이번 대선 경선에서도 크게 다르지 않다. 여야 가릴 것 없이 소수 후보만 교육에 관한 정책을 발표했을 뿐 별다른 쟁점조차 형성되고 있지 않다. 특히 유력한 1, 2위 후보들은 교육정책 공약을 전혀 드러내지 않고 있다. 후보자들 토론에서도 교육문제에 관해 질의응답을 벌이는 걸 본 적이 없다. 교육문제가 경선 기간에는 실종된 건 아닌지 의아스럽다.

우리 사회의 미래 과제에서 교육개혁은 무엇보다 시급하고 중요하다. 그런데 문재인정부에서는 다른 사회문제에 비해 교육문제만큼은 별로 나아진 게 없이 현상 유지를 해 온 편이다. 그래서 어떤 교육학자는 교육부가 교육관리부 역할에 충실했다고 꼬집기도 한다. 입시제도 같은 경우에는 수능 반영 비율을 높여 오히려 퇴보했다는 게 일반적인 평가다. 그래서 알다시피 아이들은 여전히 입시 경쟁 교육으로 신음한다. 학부모들은 사교육비에 허리가 휘고 있다. 초중고 학생 수는 저출생으로 줄어드는데도 스스로 목숨을 끊는 아이들은 해마다 늘어나는 아픈 현실이 계속되고 있다.

이처럼 교육 상황이 심각하고 아이들이 직접적인 고통에 시달리는데도 대선 후보들은 왜 외면하는 걸까. 정치인들은 흔히 교육문제가 그다지 득표에 도움이 되지 않는다고 한다. 별 뾰족한 해결 방안도 없는 데다 이해 갈등이 첨예한 문제라는 핑계이다. 그러나 한편으로는 교육의 당사자인 학생들에게 투표권이 없어서 관심을 덜 갖는다는 의견도 상당하다. 실제로 선거 국면에서 학생들이나 교원들은 거의 목소리가 없는 편이다. 교원들은 정치기본권이 없어 조심하는 데다가 학생들 또한 선거권이 없는 미성년자들이 대부분이기 때문이다. 그래서 항간에는 마을마다 경로당은 모두 설치되어 있지만 청소년의집이 적은 원인이라고 말하기도 한다.

비록 아직까지 경선에서 교육정책이 적극 제시되지 않았다고 해서 체념하기엔 성급하다. 아직도 남은 경선 과정과 본선까지는 상당한 기간이 남아 있기 때문이다. 그러기에 오히려 유력 대선 후보 캠프에서 교육 현실을 정확하게 진단하고 시원한 해결 방안을 제시하기를 기대하고 싶다. 알다시피 우리 교육문제는 사회문제와 밀접하게 맞닿아 있다. 시험점수 위주의 비정상적인 경쟁 교육은 학력과 학벌 격차에 따른 임금 격차가 주요 원인이다. 따라서 학력에 따른 임금 격차를 완화하는 사회적 방안과 맞물려 대학서열화 해소가 핵심 관건이다. 이제는 1등부터 꼴찌까지 시험점수로 줄 세워 인기 대학에 진학하는 퇴행적인 입시교육은 반드시 해결되어야 한다.

우리는 이번 대선에서 과거보다는 미래를 이야기하고 설계하길 기대하고 있다. 그런 점에서 어린이와 청소년들처럼 미래 시대 주인공들을 살리는 교육 대전환 정책이 시원하게 제시되길 진심으로 성원한다. 얼마 전 전라도 함평 시장에서 한 할머니가 대선 후보에게

건넨 이야기가 아직도 귀에 맴돈다. 이렇게 말했다. "농촌 사람들이 못사니께 살기 좋게 해 주고라. 이제 노인들은 그만해 주고 어린아이들에게 선심을 베풀어 주면 좋겠어라." 할머니의 소박한 바람이 고맙고 틀림없다.

2021. 9. 29.

영유아 유보통합체제 대선 공약으로

가을이 무르익어 갑니다. 더불어 정치의 계절입니다. 다가오는 대통령 선거는 우리 사회 전반의 변화와 대전환의 중대한 기회입니다. 이번 대선 과정을 통해 각 분야가 나아갈 방향에 관해 국민들의 폭넓은 검증과 동의를 구해 나갈 것입니다. 여러 분야와 계층의 각종 요구 또한 물밀듯이 분출할 것입니다.

대선을 앞두고 이처럼 중차대한 시기에 국회에서 '미래세대를 위한 영유아교육체제 구축 방안 토론회'를 개최한다니 매우 뜻깊고 반갑습니다. 더욱이 정기국회의 바쁜 일정에도 영유아 교육에 관심을 갖고 이번 토론회를 주최한 교육위원회 도종환 국회의원님과 공동 주최하는 박찬대 의원님, 강득구 의원님, 권인숙 의원님, 강민정 의원님께 깊이 감사드립니다.

우리는 자라나는 아이들에게 기대와 희망을 걸고 살아갑니다. 부모들은 무엇보다 아이들을 바르게 성장시키는 보육과 교육에 전력을 다하고 있습니다. 따라서 개인 삶과 사회생활의 기초, 기본이 되는 영유아 교육은 무엇보다 중요합니다. 어린 시기에 아이들이 어떤 사람과 환경 속에서 자라고 배우는가에 따라 아이의 일생을 좌우할 수 있을 것입니다. 나아가 우리 민주시민 사회의 가치 형성과 공동체 발전에도 기본적인 토대가 될 것입니다.

영유아들이 안정되고 좋은 환경에서 성장하기 위해서 정부와 지자체의 지원과 관심은 더욱 강화되어야 할 것입니다. 그 방향도 양적 확대 중심에서 나아가 질을 높이도록 해야 합니다. 무엇보다 현행 영유아 교육과 보육의 이원 체계에서 발생하는 차별적인 지원을 해소하고 출발선의 평등을 확보해야 합니다. 영유아 교육보육의 통합·일원화를 통한 질 높고 평등한 교육환경과 지원 제도가 정착되어야 합니다. 이는 영유아 교육보육계 현장에서 일하는 분들의 공통된 숙원일 뿐 아니라 학부모들의 오랜 바람이기도 합니다.

영유아 교육 발전 방향에 대한 사회적 합의와 공감대 형성은 대선 시기가 가장 유리한 국면입니다. 그래서 영유아 교육보육을 직접 책임지는 어린이집연합회를 비롯한 전국의 많은 교육단체들이 나서서 "아이행복 세상, 아이행복 대통령"을 요구하며 유보통합체제 구축을 위한 백만인 서명운동을 전개하고 있습니다. 그 운동의 중심에 서 계시는 임재택 상임대표님이 발제를 맡아 영유아교육체제 개선 방안을 상세하고 분명하게 제시해 주리라 믿습니다. 아울러 이중규 회장님을 비롯한 여덟 분의 교육 전문가들께서 토론을 통해 가능하고 효과적인 방법들을 보완해 줄 것입니다.

아무쪼록 이번 국회 토론회를 기점으로 영유아교육체제 발전 방안이 명확하게 정책으로 구체화되기를 바랍니다. 나아가 대선 후보들의 공약으로 반드시 채택되고 발표되어 국민 공감대 속에서 실현되기를 촉구합니다. 다시 한번 토론회를 주관하는 여러분께 감사드리며 성과 있는 토론회를 기대합니다.

2021. 11. 14.

코로나19가
교육현장에 주는
가르침

얼마 전에 서울의 한 신문사에 초등학생 일곱 명이 모인 적이 있다. 아이들이 살아 낸 코로나 세상을 풀어내기 위해서다. 이처럼 아이와 어른이, 교사들과 학생들이 곳곳에서 코로나19가 우리에게 남긴 게 무얼까 생각해 보는 것도 좋겠다. 머리를 맞대 의견을 나누고 때로는 격렬하게 토론해 보길 바란다. 학생 교육현장에서 모두가 겪는 재난을 단순히 피해 가기만 하는 건 안이한 몸 사리기일 수 있다. 코로나의 원인을 정확히 파헤쳐 보고 되풀이되지 않기 위한 해법을 찾아내야지 미래가 있는 참교육 아니겠는가.

코로나19 확산으로 아이들이 학교를 안 나갈 때도 학교 안은 쉬지 않았다. 교사들은 끊임없이 연구하고 방법을 달리해 가르치는 일을 계속했다. 이른바 비대면 온라인 수업이다. 컴퓨터 앞에 아이들 불러 모아 유튜브 강의를 하고 쌍방향 화상 수업을 했다. 한창일 때는 마치 온라인 수업이 미래의 대체 교육이 될 것처럼 흥분하기도 했다. 하지만 온라인 수업을 광범위하게 실행할수록 역설적이게도 그 한계를 여실히 깨닫는 계기가 되었다.

아이들은 비대면 수업이 진행되면서 모여서 공부하거나 어울려 놀 수가 없었다. 같은 반 친구끼리 사귀지 못하고 친구 얼굴도 제대로 알지 못했다. 화면만 쳐다보는 공부는 따분하고 재미없으면서 아이들 간의 학력 격차는 벌어졌다. 공부 잘하는 아이와 못하는 아이, 부유층과 빈곤층 아이들 간의 차이가 커져만 갔다. 온라인 수업이 길어지면서 오히려 대면 집합 수업의 중요성과 필요성을 절감하게 된 것이다.

비대면 온라인 수업은 교육부가 총괄 지휘했다. 학교 나오는 날짜는 물론이고 대상 학교 급별과 학년, 학생 수까지 주도면밀하게 지시하고 통제했다. 일사불란해 보였다. 시도교육청이나 학교도 책임지는 게 부담스러우니 일방 방식을 따르는 게 편리하기도 했다. 하지만 우리가 이 과정에서 아프게 확인한 건 중앙 집중적이고 획일적인 교육행정이다. 온 나라 교육의 권한은 교육부가 움켜쥐고 대도심부터 산골 교실의 화상 수업 방법까지 통제하였다. 지역이나 학교의 특수성이 반영되거나 자율성이라곤 찾아보기 어려웠다. 오직 코로나 방역에 매몰된 채 혁신교육의 목표였던 학교자치는 쪼그라들고 말았다.

코로나19가 확산되던 시기에 안타깝게도 학교현장에서 또 하나 놓친 게 있다. 아이들에게 인간의 자연 파괴와 무분별한 탐욕이 불러온 재앙을 바르게 인식시킬 기회를 흘려 버렸다. 우리가 왜 코로나 때문에 이 고통을 겪는가 하는 근본 원인을 가르치지 못한 것이다. 가장 교육 효과가 좋은 시기였는데 정작 교육할 내용을 챙기지 못했기 때문이다. 물론 그럴 만한 사정이 없었던 건 아니다. 한 명의 아이라도 코로나에 전염시키지 않게 하려고 방역 조처에 온통 신경을 곤두세웠으니 말이다. 그렇더라도 자연생태 계기 교육을 놓아 두고 교과서 진도 빼는 데 급급한 건 여전히 아쉬움이 남는다.

이제 코로나19가 조금씩 진정되면서 교육계도 다시 제자리를 찾아가고 있다. 교육부는 학교 등교 방식에 대해서 일정한 기준만 제시하고 시도교육청 재량권을 늘리고 있다. 지역별로 코로나 상황과 교육 여건을 고려하여 자율적인 결정을 할 수 있게 했다. 따라서 이제 학교도 코로나19가 남긴 명암을 올바로 성찰하여 특성 있는 교육을 펼쳐야 할 것이다. 지금이라도 온라인 교육으로 일어난 학생들의 학력 격차를 줄일 방안부터 찾아 실행해야 한다. 교육부나 교육청의 지시를 기다리지 말고 학교 구성원들의 자치 역량을 발휘하여 코로나 이후 교육도 준비해야 한다.

세계인들이 고통받고 있는 코로나19는 왜 일어난 걸까? 그리고 언제까지 계속될 건가? 사람들은 이 두 가지 물음을 자주 던지곤 한다. 결국 이 물음에 대한 답변이 코로나의 원인과 해법을 찾는 길이다. 코로나19는 알다시피 신이 아닌 인간이 인간에게 내린 벌이다. 인간이 끝없는 탐욕을 채우기 위해 자연을 함부로 파괴하고 착취한 데서 빚어진 반격이자 엄중한 경고이다. 우리가 이 점을 깨우치지 못하고 근본적인 삶의 방식을 바꾸지 않는다면 코로나19는 결코 사라지지 않을 것이다. 사람과 영원히 함께 살면서 더 강하고 악랄한 방식으로 괴롭힐지도 모른다.

2020. 11. 5.

혁신교육지구는
참여와 협력이 핵심

아이를 키우는 사람이면 가끔 이런 교육을 꿈꾼다. '우리 아이들이 신나게 학교에 가고 배우기를 즐거워한다면 얼마나 행복할까. 학교 일과를 마친 뒤에는 마을에서 삶을 배우고 마을이 아이들을 키워 준다면 또 얼마나 마음이 놓일까.' 이처럼 지역사회와 학교가 만나 함께 아이들을 교육하는 것은 꿈이 아니고 현실로 가져올 수 있다. 바로 교육청과 시군 자치단체, 학교와 마을이 만나서 교육 협력 사업을 통해 실현하는 사업 방식이다. 이를 경기도에서는 '혁신교육지구 사업'이라 한다.

혁신교육지구는 2010년 김상곤 경기도교육감 재임 시기에 혁신학교를 지역단위로 확산한다는 취지에서 시작된 사업이다. 초기에 광명, 구리, 오산, 의정부, 시흥 등 5개 지역으로 출발하여 2차 시기에 접어든 2017년도에는 도내 11개 시군 지역이 지정, 운영되고 있다. 혁신교육지구 사업은 과거에 시군 자치단체가 학교 시설 개선

중심으로 교육예산을 지원하던 방식을 탈바꿈했다. 시설보다는 학교교육과정 운영에 직접 예산을 투여함으로써 학생 교육의 질적 변화와 지역 특성을 살린 교육에 상당한 성과를 거두고 있다. 교육청과 학교의 교육 전문성에 시군 자치단체의 예산과 행정력 지원, 지역사회의 교육 기반과 전문 인력이 결합하여 교육 협력 사업의 전형으로 자리 잡은 것이다.

고양시는 뒤늦게 내년부터 혁신교육지구 사업을 시작하기 위해 준비 작업을 진행하고 있다. 지난달에는 고양시학운협과 행복한미래교육포럼이 주관하여 세 차례에 걸쳐 교육 관계자들이 모여 혁신교육지구에 관한 토론회를 벌였다. 고양교육청이 나서 교원들을 중심으로 준비팀도 운영하고 있다. 하지만 혁신교육지구 사업의 목표와 방향성에 대해 아직은 교육 주체들 간에 공감대가 미흡한 편이다. 행정적으로 긴밀한 협력을 이루어야 할 고양시와 고양교육지원청, 그리고 사업 실행의 주체가 되어야 할 교사와 학부모들의 준비 정도를 볼 때 앞으로 넘어야 할 산이 많은 것 같다.

돌아보면 그동안 고양시는 교육경비보조금을 통해 학교 시설 개선과 무상급식 지원, 고교 교육력 강화, 초·중학교 행복학교를 중심으로 교육 지원 사업을 진행해 왔다. 교육 지원 예산 규모도 초기에 도내 시군 자치단체 가운데 앞서가는 편이었지만 최근에 혁신교육 지원 사업을 적극 추진하는 다른 시군들에 대면 상대적으로 부진한 편이다. 더구나 그 사업 내용과 방식 면에서도 시민, 관청, 학교의 교육 거버넌스가 원활하지 못한 게 사실이다. 따라서 고양시가 교육 지원 사업의 현실과 문제점을 진단하고 새로운 방향을 모색하는 것은 때늦은 감이 있지만 다행스러운 일이라 생각한다.

한편으로 고양시가 혁신교육지구 사업에 뒤늦게 뛰어들었기에 오히려 그 사업 방향을 어떻게 틀어잡는가가 매우 중요하다. 앞서 진행한 다른 시군 혁신교육지구의 우수한 사례와 방식을 받아들이고 그들이 겪은 시행착오와 한계는 되풀이하지 않을 수 있기 때문이다. 아울러 고양시의 지역 특성과 학생들 상황을 반영한 고양시만의 독특한 혁신교육지구 사업의 전형을 그려 낼 수도 있다. 따라서 이러한 장점을 잘 살려 나가기 위해 혁신교육지구를 추진해 가는 현장 교육 주체들의 지속적인 토론과 협의를 거듭해야 한다. 참신한 생각들을 모아 가고 자발적인 협력과 참여를 이끌어 내려는 노력이 가장 우선되어야 한다.

혁신교육지구가 정착되는 데에서 그 기초는 행정 기구인 혁신교육지원센터이다. 교육 협력 사업을 추진하는 공적 기구를 교육청과 시청이 인력을 투여하여 함께 만들어 운영하는 것이다. 그래서 교사 출신의 전문가를 배치해 현장에 적합한 교육 지원 정책을 수립하고 시청과 교육청의 행정직들이 행정을 뒷받침하도록 해야 한다. 이는 앞서 진행한 지역에서 검증된 시흥시 행복교육지원센터의 파견교사 방식이나 서울 도봉구의 교육정책관 모델을 적용하면 될 것이다.

사업 내용과 방식에서 가장 중요한 건 현장성이다. 교육청이나 시청이 사업을 정해 내리먹이는 관행을 과감하게 버려야 한다. 학교의 학생, 교사, 학부모들에게서 교육적 요구를 듣고 모아 가는 방식을 확고하게 지켜 가길 바란다. 학교현장 주체들의 자발적인 의견이 수렴되고 반영되는 것이야말로 이 사업의 성패를 좌우할 만큼 중요하다. 고양 혁신교육지구 사업은 이런 점에서 기대감 못지않게 그 사업의 내용과 방식에서 과감한 혁신이 뒤따라야 할 것이다. 선거용 전시 사업이 아닌 진심으로 우리 아이들에게 행복한 교육과 찬란한 미래를 안겨 주려는 진정성이 있다면 말이다.

2017. 11. 6.

토론이
곧
민주시민교육

    교육현장에서 기본, 기초 교육을 잘하는 것이 매우 중요합니다. 마치 나무나 농작물을 키울 때 밑거름을 충실하게 넣는 것과 같습니다. 밑거름이 충실해야 작물이 튼튼하게 자라고 알찬 열매를 거둘 수 있지 않겠습니까. 밑거름을 제대로 넣지 않고 달고 굵은 열매를 바라는 것처럼 어리석은 일이 없겠지요.

    청소년 시기, 특히 초등학교의 기초, 기본 교육에서 밑거름이라 할 수 있는 교육을 들라면 무엇일까요? 교육관에 따라 다르겠지만 저는 초등학교에서 집중할 기본 교육을 꼽으라면 독서, 글쓰기, 토론이라고 말합니다. 이 세 가지는 단순한 국어 공부 영역이 아닙니다. 모든 학습에 필요한 요소일 뿐만 아니라 통합적인 학습을 가능하게 하는 밑바탕이 됩니다. 더욱이 책을 읽고 글을 쓰고 토론을 벌이는 것은 삶을 살아가는 데도 밀접한 관련이 있습니다.

    평소에 이런 생각을 갖고 있는 터에 만난 신동명 교수의 《토론

활동 교과서》는 매우 반가웠습니다. 더구나 기계적인 토론 지침서가 아닌 선생님과 아이들 모두 행복해지는 토론활동 책이라니 더욱 눈이 번쩍 뜨였습니다. 책을 받고 쉴 틈 없이 단숨에 읽어 내려가면서 그가 내세운 말이 틀림없구나 싶었습니다.

신동명 교수는 토론은 일상에서 시작한다고 말하고 있습니다. 유치원 다니는 아이와 엄마가 '밥을 먹고 나서 뽀로로를 보느냐, 뽀로로를 보고 나서 밥을 먹느냐' 하는 작은 문제가 바로 토론거리가 된다는 것입니다. 따라서 토론 교육은 어릴 때부터 해야 한다고 주장합니다. 자연스럽게 삶에서 일어나는 문제를 갖고 자신의 의견을 당당하게 말해 보도록 하자는 데 동감이 되었습니다.

요즈음 인공지능 알파고 시대를 맞이하여 미래교육에 대한 관심이 높아지고 있습니다. 앞으로 20여 년 내에 지금의 상당수 직업이 사라지고 로봇 등으로 자동화된다고 예견하고 있기도 합니다. 따라서 이제는 단순 지식을 주입하는 것이 아닌 협력적이고 융합적인 교육이 이루어져야 한다고 강조합니다. 특히 다른 사람과 소통하고 협력하는 인성을 갖춘 사람을 요구하고 있습니다.

신동명 교수는 이러한 시대 변화를 일찍이 예측한 듯합니다. 오래전부터 남과 잘 어울리지 못하고 나눔과 베풂에 인색한 이 시대 아이들에게 필요한 교육 방법으로 토론활동을 주창하였습니다. 그는 자기만의 독선에서 벗어나 다른 사람을 배려하고 인정할 수 있도록 바꾸는 것을 토론활동이라 말합니다. 따라서 토론활동의 다른 이름을 '자기주도적 협동 수업'이라고도 합니다. 여러 사람이 함께함으로써 협동이 되고 기본이 되는 토론이 아이들을 바르고 똑똑하게 키울 수 있는 방법이라는 그의 생각에 동의하지 않을 수 없습니다.

신동명 교수가 집필한 《토론활동 교과서》의 전반부 1장에는 '토론활동을 어릴 때부터 해야 하는 이유와 토론 수업으로 진행하는 6단계' 등 토론 속에 숨겨진 비밀이 담겨 있습니다. 이어지는 2장에서는 '아이들 간에 실력 차가 크면 토론 수업이 어렵다?, 소심한 아이들은 토론 수업에 뒷전이냐?, '책을 읽고 토론하면 모두 독서 토론이다?' 등 우리가 흔히 잘못 알고 있는 상식을 바로잡아 꿰뚫어 줍니다.

책의 중반부인 3장에서는 '수수께끼 게임, 손그림자 놀이 게임, 007빵 게임' 등 다양하고 재미있는 게임을 통해 자연스레 토론마당으로 끌어들이는 61가지 토론활동이 소개되어 있습니다. 책의 후반부인 4장에서는 세계의 대표적인 토론 방법인 '링컨의 더글라스식 토론'을 비롯하여 '영국 의회식 토론과 미국 퍼블릭포럼 토론, 오스트리아 칼 포퍼식 토론'에 관해 그 특징과 토론 방법을 들어 설명하였습니다. 아울러 신 교수 자신이 개발한 '한국형 모둠 토론과 입사관 토론'도 제시하여 도움을 줍니다.

토론활동이야말로 민주시민교육의 기본입니다. 어릴 때부터 자기 생각을 당당하게 말하고 남의 의견을 존중하는 토론활동이 활발하게 펼쳐져야 선진 민주 사회가 될 것입니다. 아무쪼록 신동명 교수가 오랜 연구와 실천 속에서 지은 이 책이 제목 그대로 토론활동의 진정한 교과서가 되길 바랍니다.

　그래서 책을 읽은 아이들이 가정과 학교를 비롯하여 사람이 모이는 어느 곳에서든지 서로 의견을 말하고 듣고 나누는 아름다운 사회가 되었으면 합니다.

2017. 7. 31.

변방 교육연수원에서
걸어온 1년

가을이 오는 날이었습니다. 한강변 자유로를 달려 파주 가는 길이 막히지 뭡니까? 차가 도로에서 주춤주춤대며 가다 서다 반복하니 은근히 짜증이 올라오는 것입니다. 푸우 한숨을 내쉬다 왜 짜증을 낼까 들여다보았습니다. 출근길이 막히니 조급함과 답답함이 뒤섞여 그런 것이지요. 어떻게 이 기분만이라도 전환할까 사색하다가 제가 숲으로 출근하는 길이라는 걸 깨우치게 되니 마음이 밝아졌습니다. 다시 말해 조금만 참고 가면 푸른 숲으로 둘러싸인 일터가 기다리고 있는데 말입니다.

많은 사람들은 날마다 아침이면 막힌 도로를 타고 도심의 콘크리트 건물 숲으로 출근하곤 합니다. 그런데 저는 거꾸로 일산 아파트 숲을 나와 사방산 숲속 교육연수원으로 출근한 지 어언 1년이 흘렀습니다. 지난 시간 동안 저에게 무엇보다 주변 자연이 준 선물은 너무 크고 소중했습니다. 처음 부임하던 지난해 가을부터 새롭게 만난 자연 풍경에 흠뻑 젖어 지내 온 것 같습니다. 차를 타고 임진강변을 지나 법원리로 들어서는 시골길은 한적해서 평화롭습니다. 연수원 둘레 숲길과 이웃 자운서원의 가을 단풍은 형형색색으로 가을을 물들여 눈길을 붙잡지요.

이렇게 자연이 주는 선물만 받기가 미안했을까요? 그때부터 연수원 곳곳에 자연을 담고 들여놓는 일을 시작했습니다. 화단 빈터에 40여 종의 우리 야생화를 심고, 오가는 길 둔덕에는 코스모스와 백일홍 같은 여러 가지 꽃씨를 뿌려 두었습니다. 식목일 즈음에는 산수유 세 그루와 백목련을 심어 봄을 알리게 했습니다. 그렇게 심은 야생화들이 피고 지는 걸 보면서 봄여름을 보냈습니다. 이제 가을로 접어드니 코스모스꽃이 하늘거리고 백일홍은 오래도록 은근히 피어 있습니다. 사이사이 모종으로 심었던 들국화는 가을향기를 더해 줍니다. 가을빛으로 물들어 가는 사방산 아래 연수원에는 아기자기한 꽃들이 어우러져 제 빛깔을 내고 있습니다.

자연이 이처럼 내려 주는 축복 속에 무엇을 했는지 새삼 돌아보게 됩니다. 무엇보다 연수원의 본령인 "밥처럼 맛있는 연수"를 만들기 위해 힘썼습니다. 정말 우리 연수원 밥맛은 알아줍니다. 어느 연수원보다 밥맛이 좋기로 정평이 나 있고 실제 연수 만족도에서도 밥맛, 다시 말해 급식이 가장 높은 평가를 받습니다. 그 밥맛처럼 좋은 연수를 만들겠다니 꿈이 야무지지요. 그 꿈을 현실로 이루기 위해 직원들과 머리를 맞대고 도전을 했습니다. 멋진 연수를 만들기 위해 마치 맛난 밥상을 차려 내어놓듯 최선을 다해 준비하고 실행하였습니다. 학교현장에서 꼭 필요로 하는 연수 주제와 내용을 선정하고, 먹음직스럽게 강의하는 훌륭한 강사를 찾았습니다. 연수 방식도 다양하게 차려 놓고 골라 듣게 하는 분반 선택 형태로 진행하였습니다. 가만히 앉아 일방으로 듣기만 하는 게 아니라 말하고 체험하는 연수를 펼쳤습니다.

우리 연수원이 교직원 대상 연수기관이더라도 그들만의 섬처럼 존재해서는 안 된다고 생각했습니다. 멀리 파주의 외떨어진 숲 안에 있지만 지역사회와 함께 숨 쉬는 연수원이 되려고 애썼지요. 그래서 문을 활짝 열어 교직원들뿐만 아니라 인근 지역 군부대와 주민, 자치단체에서도 연수 시설을 사용할 수 있도록 하였습니다. 지난 1년 동안 1사단과 방공여단의 군인 간부와 지휘관들이 연수원 건물에서 교육 연수를 진행하였고요. 파주시 생태체험 해설사 교육, 파주교육청 교장, 교감단 회의, 경기도 평화통일교육연구회원 통일체험교육, 몽실학교 지역 담당자 워크숍 등 여러 지역 기관과 단체의 구성원들이 연수원을 이용함으로써 작게나마 공공 활동에 기여했습니다. 그에 앞서 지난봄에는 지역사회와 함께하는 음악회를 열어 파주 벽지 지역 5개 초등학교 어린이들 200여 명이 타악기 공연을 관람하기도 하였습니다.

신영복 선생님은 일찍이 "인류사에 언제나 변방이 역사의 새로운 중심이 되어 왔다. 중심부는 변화에 둔감하기 때문에 곧 쇠락하게 되고, 변화가 활발한 변방이 새로운 중심지가 된다"라고 설파했습니다. 우리 교육연수원도 변방에 있지만 교육혁신에서 심장부와 같은 역할을 해야 한다고 믿습니다. 새로운 연수를 끊임없이 공급하여 낡은 교육이 아닌 창의적인 미래교육으로 거듭날 수 있도록 해야 하는 것입니다. 경기 교육공동체가 연수의 숲길을 걸어가면서 서로 배우고 나누며 실천하길 소망하며 오늘도 정성을 다하렵니다.

2019. 10. 8.

장애 학생 교육을 위해
일한 보람

고양시에서 살고 일하면서 경진학교 앞을 지날 때마다 드는 생각이 있습니다. 별다른 민원 없이 특수학교가 일산에 자리 잡은 게 얼마나 잘된 일인가 하는 것입니다. 아마도 신도시가 형성된 뒤에 특수학교를 세우려 했으면 다른 지역처럼 반대와 잡음이 끊이지 않았을지도 모릅니다. 일산 신도시 설계 초기에 학교 설립 계획을 잡아 놓아서 순조로웠을 겁니다. 그만큼 정책 책임자의 미래를 내다보는 지혜로운 안목이 얼마나 중요한가를 거듭 생각하게 됩니다.

평소 이렇게 애정을 갖고 있는 경진학교 교지에 원고 청탁을 받고 나니 특수교육 발전을 위해 나름 애썼던 지난날이 떠오릅니다. 그때는 제가 경기도교육위원과 경기도의회교육의원으로 일했던 2002년도부터 2014년도까지 12년의 시기입니다. 물론 흘러간 지난날이 아닌 현재 힘쓰는 일이나 미래의 전망 같은 걸 들려주면 좋겠지만 그리 못해 아쉽습니다. 한편으로 과거의 돌아봄이 미래의 새로움을 창조할 원천이 되리라는 생각도 합니다. 과거의 시간이 미래의 시간과 만날 수 있으리라는 기대감을 갖고 이 글을 써 보겠습니다.

먼저 제가 장애 학생 교육에 관심을 갖게 된 중요한 계기가 있습니다. 지금부터 18년 전, 그러니까 제가 경기도교육위원에 당선되어 일을 시작한 첫해입니다. 2002년도 즈음인데 고양시 지적장애 학부모들이 일산지역 고등학교에 통합학급을 한 곳이라도 만들어 달라고 찾아온 적이 있습니다. 그 자리에서 한 어머니에게 들었던 말이 가슴에 못 박히듯 깊게 남았습니다. 다름 아니라 중증복합장애 부모들은 자식이 먼저 떠나면 슬픔이야 여느 부모나 똑같지만 한편으로 다행이라고 생각한다는 것입니다. 다시 말해 혼자 세상을 살아가기 힘든 장애 자녀들을 두고 부모가 먼저 눈을 감기가 어려울 정도로 고통이 크다는 것이지요. 그날 그 가슴 아픈 고백을 들으면서 제가 의정활동의 비중을 어디에 두어야 할지 선택하는 중요한 결정을 하게 되었습니다. 바로 장애 아이들에게 차별 없는 교육 여건을 만들고, 우리 사회에서 자립할 수 있는 기반을 닦는 데 최선을 다해야겠다는 결심입니다.

그 뒤부터 줄곧 3선 교육의원을 하면서 장애 학생 특수교육에 무엇보다 많은 관심을 갖고 여러 일들을 추진했습니다. 하지만 미리 전제할 것은 제가 대단한 일을 해냈다고 내세우려는 마음은 조금도 없습니다. 오직 장애 학부모님들 곁에 가까이에서 듣거나 요구한 진정들을 그 심정대로 전하려 애쓴 기록 정도에 지나지 않습니다.

처음에는 특수교육보조원으로 불렸다가 지금은 특수교육실부사로 정착한 인력배치 사업이 기억납니다. 도입하기까지 어려운 과정을 겪었지만 장애 학생 교육에 상당한 도움이 된 정책사업입니다. 특수교육보조원 배치를 추진하던 초기에는 인천지역 학교에 단 한 명이 배치되어 있을 정도로 그 용어조차 생소한 상황이었습니다. 고양시 장애 학부모 단체와 함께 학급에 특수교육보조원 배치를 추진하는데 교육청의 예산 담당자들은 그 필요성에 대한 인식조차 없었습니다. 그러나 시 교육경비보조금에 처음으로 인건비 편성이 이루어지면서 특수교육보조원을 상당수 확보하였고 그 효과와 반응은 매우 뜨거웠습니다. 결국 그 이후부터 교육예산에 특수교육 보조 인건비가 반영되었고 수년이 지난 뒤부터는 지극히 당연한 사업으로 확산되었지요.

경기도 시군에 특수학교를 확대 설립하기는 매우 어려운 일이었지만 미래를 위한 값진 투자였습니다. 제가 의정활동 초, 중반기에는 통합학급을 설치하는 데 중점을 두었기에 학부모들이 원하는 일반 학교에 대부분 통합학급이 개설되었습니다. 하지만 통합학급에서 특수교육을 진행하기 힘든 아이들이 예상외로 많은데도 경기도에 장애유형별 특수학교는 턱없이 부족한 실정이었습니다. 그래서 김포지역 아이들은 인천의 특수학교로 먼 길을 통학해야 했고, 중증복합장애 아이들은 서울의 특수학교로 몰래 진학해야 하는 실정이었습니다. 이러한 문제를 해결하기 위해 특수학교 부족 실태에 관해 조사를 하고 서명도 벌여서 상당한 성과를 거두었습니다. 그

결과 열악했던 경기 북부지역 특수교육 여건이 개선되어 김포시에는 새솔학교가, 파주시에는 중증복합장애 학생도 진학할 수 있는 자운학교, 양주시 송민학교, 도담학교 같은 공립 특수학교들이 연이어 설립되게 되었지요.

장애 학생들의 직업 교육 및 자립 능력 향상을 위해 추진한 사업 중에 빼놓을 수 없는 게 특수학교의 전공과 설치입니다. 전공과도 예전에는 전국의 한두 개 학교에만 시범으로 설치되었던 과정이었습니다. 그런데 학생들이 특수학교를 마친 뒤 전문적인 직업 교육에 대한 요구가 높았고, 고양시의 경진, 홀트, 자운 세 곳 특수학교에 전공과가 설치되기에 이르렀습니다. 여기에 더해 고등 과정의 직업전환교육을 강화하고, 지역사회와 협력 체계를 통해 장애인 직업체험학습장 및 작업장 설치도 추진하도록 요구했지만 기대만큼 진행되지는 못했습니다.

아쉽게도 제가 2014년도 이후로는 교육의원 임기를 마친 데다가 공적으로는 특수교육과 관련된 직책을 맡지 않다 보니 행정적인 일은 그쯤에서 멈추고 말았습니다. 그러나 우리 사회의 약자이자 홀로 서기 어려운 장애 학생들을 위해 수년 동안 일할 수 있었던 기회는 제 삶에 다시 올 수 없는 크나큰 보람이었습니다. 그리고 그 소중한 일을 할 수 있게 도와주고 함께 참여해 주셨던 장애 학생 학부모님들께 이 자리를 빌려 거듭 감사드릴 뿐입니다.

2021. 1.

고교평준화
학생 배정 방식
개선되어야

    화성·오산시 고교평준화추진위원회가 시민 1만 2,000여 명의 평준화 청원 서명을 받아 경기도교육청에 제출한 바 있다. 화성·오산뿐만 아니라 김포, 평택, 구리·남양주 지역 시민사회단체에서도 고교평준화 도입이 논의 중이어서 평준화는 확산될 기세이다.

    고교평준화는 엄격하게 말하면 고교입시 평준화이다. 다시 말해 고교입시제도를 학생 성적으로 선발하지 않고 지망에 따라 추첨하여 고르게 배치하는 방식을 일컫는다. 평준화 도입을 요구하는 중요한 두 가지 까닭을 들면 '고등학교 간 서열화 해소'와 '통학 거리 가까운 학교 선택권 보장'이다. 따라서 지금 시기에 평준화 요구를 받아들여 확산하는 것 못지않게 진단하고 개선할 일이 있다. 제도를 추진한 본래 취지와 목표대로 운용되는지 점검하여 문제점을 줄여나갈 방안을 찾아야 하는 것이다.

    알다시피 학생들이 고교별 시험을 치러 진학하는 비평준화 제도는 철저히 시험점수에 따라 선발하는 방식이다. 이는 학생이 학교를 선택하기보다 학교가 학생을 선택하는 방식에 가깝다. 오직 시험점수로 학교와 학생을 한 줄 세워 일정한 등수에서 끊어 내는 것이다. 고교평준화 성과이자 효과로 꼽는다면 이처럼 성적 잣대로 세우는 서열화를 일정하게 완화했다는 것이다.

그렇다고 평준화 지역에 고교 서열이 존재하지 않는 것은 아니다. 실제로 평준화를 실행한 지 25년이 넘는 수원시나 14년째가 되는 성남, 고양, 부천, 안양권 지역에서는 사립고교와 과거 공립 명문고 중심으로 일정한 고교서열화가 고정되어 가고 있다. 또한 지난해 평준화가 이루어진 광명이나 안산 역시도 평준화 이전과 또 다른 양상으로 고교 서열이 가려지고 있다.

다음으로 학생들이 집에서 가까운 학교를 선택함으로써 배정 불만이 줄고 학교생활 만족도가 높아졌는가 하는 점이다. 이는 배정 학구와 추첨 방식에 관한 사항인데, 경기도교육청은 평준화 지역 학생 1지망 배정 비율이 평균 80%가 넘는다며 수년째 예전 방식을 그대로 시행하고 있다. 그러나 1지망에서 제외된 나머지 20%의 학생들 가운데 비록 소수라도 집에서 가장 먼 거리의 학교로 배정받아 겪는 통학 불편은 왜 고려하지 않는 것일까?

평준화 본래 목표를 실현하는 데에서 학생 배정 방안을 세밀하게 연구하면 교육감 권한으로도 상당한 부분의 개선이 가능하다. 이미 다른 시도교육청에 그 실제 사례가 있다. 강원도교육청은 올해부터 학생들의 배정 만족도를 높이기 위해 '원거리 학교 배제 추첨제'를 도입했다. 집에서 가장 먼 거리 학교 한 곳은 사전에 제외해 극단적인 배치를 방지하는 것이다. 경상남도교육청도 평준화 학생 배정 방식을 대폭 개선하여 고교서열화를 방지하도록 하였다. 중학교 졸업생들이 희망 고교를 선택하되 중학교 내신 성적 비율대로 배정하여 성적 우수 학생들이 학교별로 고르게 섞이도록 하고 있다.

경기도교육청도 고교평준화 배정 방식을 지난 2012년 한국교육개발원에 의뢰하여 연구를 진행한 적이 있다. 그 결과 일부 문제점을 밝혀냈지만 고교서열화 해소나 원거리 통학생을 줄이기 위한 별다른 대책을 도입하지는 않고 있다. 평준화 요구가 밀려오는 이번 기회에 현행 학생 배정 방식을 적극 개선하여 더욱 완전한 제도로 정착되길 바란다.

2015. 7. 31.

차별 없이 평등하게
교육받을 기회를

    요즘 교육계 가장 큰 쟁점이 되고 있는 자사고 논란을 보면서 안타깝기 짝이 없다. 우리 고등학교 교육은 내가 고등학생 때나 지금이나 어쩌면 이리도 달라지지 않을까. 아니 개선되기는커녕 악화되고 있으니 어쩌할 것인가. 내가 지방 소도시의 고등학교에 다니던 때는 지금부터 32년 전이다. 비평준화 시기에 나는 그 지역에서 명문고라 자부하는 사립고등학교에 입학했다. 그런데 고등학교 3년 내내 달마다 1등부터 꼴찌까지 등수를 알리는 성적표와 대학입시 공부만 앞세우는 학교생활이 지겹기만 했다. 행복한 기억이라곤 거의 없는 고등학교 시절로는 어떤 일이 있더라도 다시 돌아가고 싶지 않을 정도이다.

    내가 졸업한 뒤 그 지역의 고등학교들은 수년 전부터 시 단위를 중심으로 고교평준화가 시행되었다. 그러나 내가 다닌 사립고등학교는 명문고를 유지한답시고 자사고로 전환하였으니 내 후배들은 여전히 극심한 입시 놀음에 시달리고 있을 게 뻔하다. 30년이 넘었지만 고등학교 때 선생님들께 자주 들었던 말들이 기억난다. 명문고 역사를 들먹이며 졸업생 기수별로 서울대 들어간 인원이 몇 명이었느니 출세한 선배들이 누구였느니 하는 자랑들이다. 그 선배들 일화 가운데 현재 논란의 중심에 있는 자사고 이사장인 수학 참고서의 저자도 있다. 하지만 이런 자랑찬 입시 신화들은 내 인생에 별다른 본보기나 자극도 되지 못했고 오히려 잘못된 학벌 의식에서 헤매게 했을 뿐이다.

문제는 이처럼 과거 비평준화 시기의 서열화된 고등학교보다 더 불량하게 변질된 게 현재의 자사고와 특목고 체제라는 것이다. 자사고와 특목고는 알다시피 고등학교 입시 시기를 달리해 전기에 입학생을 모집한다. 그래서 성적이 우수한 학생들을 맨 먼저 싹쓸이해 간다. 대학입시 성적이 좋은 가장 큰 요인도 이처럼 성적 우수생들을 선점하여 피나는 경쟁을 시킨 덕택이다. 이들 고교는 특별한 재능을 가진 아이들을 육성한다는 명목으로 학급당 학생 수를 25명 전후로 유지하고 선택 과목을 다양하게 운영한다. 또 대부분 학교가 기숙사를 갖추어 밤늦게까지 자율보충 학습을 한다. 그래서 교육청 지원이 없는 자사고 경우는 일반고의 3배가량 학비를 부담해야 한다. 학생의 성적과 부모의 재정 능력이 결합되어 그들만이 따로 모여 일반고와 다른 특권 교육을 받고 있는 것이다.

공교육의 기본은 아이들이 평등한 교육 조건에서 출발하고 차별 없이 고루 교육받을 기회를 제공해야 한다. 부자 아이와 가난한 아이가, 영어를 잘하는 아이와 체육을 잘하는 아이가 한 교실에서 협력하여 배우고 나누어야 한다. 그런 속에서 더불어 사는 삶을 배우고 약한 사람을 돕는 인성을 기를 수 있다. 알려진 것처럼 교육 선진국인 핀란드나 독일은 학교 서열이나 아이들 등수를 매기지 않는다. 잘하는 분야가 다른 아이들끼리 함께 모둠을 지어 학습하면서 서로 배우고 일러 준다. 그래서 특별한 학교가 없는 핀란드에서 가장 좋은 학교는 집에서 가장 가까운 학교라고 한다. 내가 직접 다녀본 경험으로도 독일을 비롯한 유럽 대부분의 고등학교 생활은 우리와 사뭇 달랐다. 학교 간 서열을 가르지 않고 차별 없는 교육을 통해 개인의 창의성과 민주시민의 공동체성을 키우는 데 중심을 두었다.

입시 성적 1점 차로 대학 서열을 가르는 우리나라 현실에서 부모들이 특별한 환경을 가진 고등학교를 선택하려는 욕구를 이해 못할 바는 아니다. 그렇다고 내 돈 갖고 좋은 학교 가겠다는데 웬 참견이냐며 자사고 평가를 막무가내로 반대하는 것은 몰염치하다. 내 아이만 특권 교육을 받겠다는 극단적인 이기심이 함께 살아가야 할 공동체를 해치고 우리 아이들까지 망칠 수 있기 때문이다.

4차 산업혁명 시대를 맞이하는 이때 미래교육의 길을 멀리 내다봤으면 좋겠다. 일부 소수 아이들만을 위한 특권 교육을 폐기하고 다수의 일반계 고교를 살려 다양한 아이들이 모여 잠재성을 키워야 미래가 있다. 그런 의미에서 이번 기회에 자사고뿐만 아니라 과학고, 외국어고, 국제고 같은 특목고의 일반고 전환도 근본적으로 검토할 필요가 있겠다. 이를 위해 국가교육회의가 주관하여 폭넓은 국민 토론회를 통한 합의 과정을 추진하면 좋겠다. 더 이상 우리 세대가 겪은 서열화된 고등학교 체제의 일그러진 교육 유산을 후대들에게까지 그대로 물려줄 수는 없지 않은가.

2019. 7. 22.

교육자치는
학교 민주주주의로
완성되어야

　시민 촛불로 이룬 민주 시대의 과제는 각 분야의 분권과 자치이다. 분권과 자치는 민주주의를 정착하는 데에서 상호 보완 관계일 뿐 아니라 필요충분조건이기도 하다. 교육 분야에서 자치분권은 어떤가? 사실 교육자치는 일반인들에게는 조금 생소한 개념이다. 물론 교육 관계자들에게도 일상 교육 활동과 관련해서는 그다지 익숙한 개념이 아니다. 사전적 의미로 교육자치는 현행 지방교육자치에 관한 법률에 따라 교육감의 권한과 선출에 관한 내용을 중심으로 풀이되어 있다. 하지만 교육현장에서 바라고 요구하는 진정한 의미의 교육자치 과제는 다르다. 교육 활동을 교육 구성원들 스스로 계획하고 운영하는 것이 핵심이다.

　문재인정부는 대선 당시에 초중등 교육은 시도교육청 교육감에게 이관한다고 공약으로 제시한 바 있다. 원론적인 수준이지만 적어도 초중등 교육에 관한 교육부의 독점 권한을 지방교육청으로 분산하겠다는 방침만은 분명한 것이다. 이에 따라 새로 교육부 장관이 된 김상곤 장관은 시도교육감협의회에서 "유·초·중등교육의 권한과 사무를 단계적으로 시도교육청과 단위학교로 이양할 것이다"라고 밝혔다. 당시 교육 분권과 자치를 논의하기 위해 만든 교육자치정책협의회에서도 "교육부는 시도교육청과 학교의 자율적인 교육 활동을 지원하는 데 전념할 것이다"라고 재차 강조하였다. 이러한 흐름으로 볼 때 교육자치와 분권에 관한 기본 방향과 의지만큼은 분명하게 정해졌다고 할 수 있다.

교육부의 이와 같은 권한 이양 방침에 적극적인 관심을 보인 곳은 아무래도 직접 이해관계에 있는 시도교육청이다. 더 정확히 말하면 시도교육감들이다. 교육감들은 마치 심각한 교육문제의 총체적인 원인이 교육부 권한 독점에 있는 것처럼 분권화에 매우 큰 관심을 보이고 있다. 하지만 교육부에게서 권한을 받아들일 욕심만 부려서는 안 된다. 이를 학교 단위로 나누고 내려보내려는 준비도 곁들여 추진되어야 한다. 교육 분권의 근본 목표가 학교 민주주의와 학교자치 실현을 통한 학생 교육의 질적 변화에 있기 때문이다.

학교로 분권과 자치 없이 교육부의 권한 이양과 분산만 추진된다면 시도교육청은 도리어 공룡처럼 될 게 뻔하다. 특히 지금도 교육소통령이라 빗대는 선출직 교육감들의 권력은 더욱 비대해질 것이다. 그래서 항간에는 교육부가 17개 시도마다 퍼뜨려지는 게 아닌가 하는 우려를 하고 있다. 현장 교사들은 지금과 같은 형태의 교육청은 학교교육에 별다른 도움이 되지 않는다고 생각한다. 교육

지원청은 이름뿐이고 불필요한 일감만 늘리면서 간섭을 일삼는 교육청이 차라리 없어졌으면 하는 것이 솔직한 속내이다. 그런데 관료적인 교육청의 과감한 행정 혁신 없이 교육부 권한만 받아들인다면 오히려 학교와 교사들의 교육 활동을 더욱 촘촘하게 옥죄려 들지 모른다.

물론 교육부의 시도교육청 권한 이양과 분산에 따른 문제점이 있다 해도 이를 되돌릴 수는 없다. 그것은 지금 시대의 흐름이자 미래교육의 지향이기 때문이다. 따라서 학교자치의 완전한 실현을 위해 제도적 장치와 내용, 그 실현 방안을 구체적으로 준비하고 요구하는 것이 중요하다. 현재 학교자치 영역의 시급한 과제를 꼽으라면 무엇보다 민주적인 학교 운영이다. 이를 위한 교사회, 학생회, 학부모회 등 자치 조직의 법제화, 교육과정 편성과 운영의 자율권, 교사의 수업 교재 제작 및 평가권, 예산 편성 자율권, 학교장 선출권, 부당한 행정명령 거부권 등 학생 교육에 필요한 여러 가지 자치권과 자율권 확보가 추진되어야 한다. 아울러 이러한 자치권은 각종 교육 관련 법안으로 뒷받침되어야 가능하고 실효성이 있다.

교육자치의 실질적 시작이자 완성인 학교자치가 실현되려면 무엇보다 교육행정기관과 학교 구성원들의 공동 협력이 필요하다. 먼저 시도교육청의 실질적 힘을 가진 교육감들은 자신들에게 집중된 권한을 학교 주체들에게 분산하고 자치 역량을 길러 주는 것이 교육 정상화의 길임을 직시해야 한다. 그래서 교육부 권한 이양만 요구하고 대비할 것이 아니라 교육청 자체 성찰과 혁신을 과감하게 추진

해야 할 것이다. 또한 학교로 권한을 분산하고 자치 역량을 키워 주기 위한 대비도 이루어져야 할 것이다.

2017. 10. 26.

고양시는
중학교까지만
좋은 걸까

　고양지역 학부모들과 상급 학교 진학과 관련해 이야기를 하다 보면 자주 듣는 말이 있다. "고양시는 중학교까지 좋은데 고등학교는 안 좋아요. 그래서 아이들이 다른 지역 고등학교로 나가는 거예요." 고양시 학부모들 상당수가 주고받는 이 말은 실제로 확인된 사실일까. 무슨 기준으로 어째서 이런 불만이 생겨난 걸까. 고양시에 고교평준화가 시작된 이래 오래도록 고양시 교육계에 유포된 이런 인식의 근원을 밝혀 보려 한다.

　먼저 앞에 나온 대화에서 '학교가 좋다'는 것은 무엇을 기준으로 하는 말일까? 그것은 교육력의 중요한 요소인 교육환경이나 교사의 수업 능력, 학생 전인교육의 정도를 일컫는 게 아니다. 입시에 필요한 성적 우수한 아이들이 재학하는 비율을 두고 하는 말이다. 다시 말해 고양시의 성적 우수한 학생들이 초·중학교까지는 그대로 많아 좋은데, 고등학교는 다른 지역 학교로 빠져나가 좋지 않다는 말이다. 이런 이유를 들어 고양시에 성적 우수한 아이들이 남아 있도록 특목고를 늘려 달라고 요구하기도 한다.

그러면 고양시 초·중학교 학생들은 무엇을 근거로 성적이 우수하다는 걸까? 또 그렇다면 그 이유는 무엇일까? 고양시 초등학생들 성적을 현행 평가 제도로 다른 지역과 비교하기는 어렵다. 다만 중학생 성적은 과학고나 외국어고, 자사고 등 시험으로 진학하는 실적을 어림잡아 판단하게 된다.

실제로 고양시 출신 중학생들이 특목고와 자립형사립고 등에서 합격 비율이 높은 건 사실이다. 하지만 이러한 중학생 진학 실적은 중학교 교사들이 고등학교보다 우수하다거나 좋은 교육환경 등이 뒷받침되어서 그런 게 아니다. 가장 주된 이유는 학업 성적 면에서 우수한 초등학생들이 외부로 나가지 않고 그대로 고양시 중학교에 진학하고 있기 때문이다. 결국 성적이 좋은 학생들이 두루 중학교마다 섞여 상승 작용을 일으켜 주고 있는 것이다.

그에 비해 고등학교는 어떤가? 알다시피 중학교는 전국이 완전 평준화되었지만 고등학교의 경우 성적 우수자들이 일부 특정한 학교를 선택할 수 있다. 따라서 최상위권 성적의 중학교 졸업생들은 고양시 일반고를 놔두고 대학입시에 유리한 특목고와 자사고 또는 비평준화 지역 우수고로 진학하게 된다. 또 일부는 강남지역 자사고에 들어가기 위해 중학교 때 전학을 가기도 한다. 이처럼 고양시 중학생 5~10%가량의 성적 우수자들이 특목고와 자사고로 빠져나가게 되니 어쩌겠는가. 중학교와 달리 고양시 일반계 고등학교는 학업 성적 면에서 출발부터 매우 불리한 조건을 태생적으로 안고 가는 것이다. 이런 태생적 한계 속에서 고양시 고등학교가 대학 진학 실적을 내기란 어려울 테니, 그에 따라 좋은 학교가 없다는 냉정한 평가를 받고 있다.

이 같은 구조적인 문제를 해결하고 고양시에 가고 싶은 고등학교를 만드는 방법은 특목고, 자사고 유치나 확대가 아니다. 오히려 전국적으로 고교서열화를 해소하고 일반계 고등학교의 존재 근거를 되살리는 특목고, 자사고 폐지가 해답이다. 생각해 보자. 성적이 우수한 고양시 중학생들이 다른 지역이나 특목고로 나가지 않고 고양시 고등학교에 두루 진학할 때 학생들의 학습 의욕도 높아지지 않겠는가? 그러면 당연히 대학 진학률도 좋아질 것이다. 물론 이에 따른 문제점이 없는 건 아니다. 다름 아닌 학생들의 적성과 흥미에 따른 교과교육의 다양화나 선택권이다. 따라서 정부가 2025년경부터 시행하려 준비하는 고교학점제 같은 정책들이 실현되어 문제점을 보완하면 될 것이다.

교육부가 지난달 초 고교서열화 해소를 위해 특목고와 자사고를 2025년까지 일반고로 전환할 방침을 발표하였다. 그리고 이를 보완하기 위한 일반고 지원 정책과 고교학점제를 추진하겠다고 덧붙였다. 이러한 방안은 전국 고등학교 교육 정상화에 바람직할 뿐 아니라 평준화 지역인 고양시 고등학교 교육에도 긍정적으로 작용할 것이라 판단한다. 으뜸 교육 강국인 핀란드에서는 '가장 좋은 학교는 집에서 가장 가까운 학교'라고 한다. 그만큼 성적이 우수한 학교들이 따로 있는 게 아니라 두루 퍼져 평준화되어 있다는 것이다.

앞으로 고교 서열과 격차가 해소된다면 고양시의 우수한 중학생들이 그대로 지역 일반계 고등학교에 진학하게 될 것이다. 그러면 이런 말도 두루 퍼지고 날라질 게다. "고양시는 중학교만 좋은 게 아니에요. 고등학교도 좋으니 이곳에서 정착하세요." 아울러 그 좋은 학교가 단순히 대학 진학 실적이나 시험 성적만이 아닌 아이들의 전인적인 성장과 적성을 꽃피워 주는 학교이면 더 바랄 나위 있겠는가?

2019. 12. 4.

대학수능시험 개편
시안 발표를 보고

교육부는 8월 10일, 중3 학생들부터 치를 2021학년도 대학수학 능력시험 개편 시안을 2개 안으로 발표했다. 1안은 이미 절대평가가 도입된 영어와 한국사에 통합사회·통합과학, 제2외국어·한문을 절대평가 과목으로 추가하고 국어, 수학, 탐구(사회, 과학, 직업탐구 영역에서 택1)는 상대평가를 유지한다는 것이다. 2안은 7개 전 과목 절대평가를 도입하는 것이다. 2개 안 모두 절대평가는 9등급제를 유지하며 공청회 등 의견 수렴을 통해 한 가지 안으로 확정하겠다는 방침이다.

교육 관계자들은 교육부 수능시험 개편안 발표를 매우 관심 깊게 주목했다. 그것은 이번 수능 시안 발표가 문재인정부의 학교교육 정상화와 교육개혁 의지를 가늠하는 시금석이라 판단했기 때문이다. 그러나 막상 뚜껑을 열어 본 결과는 그 기대에 비해 매우 실망스러웠다. 교육부가 발표한 2개 시안은 문재인정부의 애초 교육개혁 목표인 학습 부담 경감이나 입시 경쟁 완화와는 거리가 멀었다. 오히려 2021학년도 수능 개편안의 기본 취지이자 '2015 개정 교육 과정'의 목적인 '지식 암기 중심 문제풀이식 수업 개선'과 '창의융합형 인재 양성' 등을 스스로 부정하는 이율배반을 드러냈다.

교육부가 그 과정부터 폐쇄적으로 작업해 내놓은 이번 수능 개편 시안은 교육 정상화와 입시 경쟁 해소라는 근본 목적을 저버렸다는 게 일반적인 평가다. 일부 상위권 대학과 입시기관에서 요구하는 변별력 유지 압력에 떠밀려 평가의 근본 취지마저 놓아 버린 것이다.

더욱이 사상 초유의 방식으로 2개 안을 제시한 가운데 한 가지를 선택하기를 요구하지만 이미 속내는 1안에 가깝게 가 있는 듯해 우려스럽다. 더욱이 국어, 수학, 탐구 과목을 제외한 4개 과목만을 절대평가로 하겠다는 1안은 기존 수능시험 위주 교육의 폐해를 극복하지 못하고 오로지 과목 간 불균형만 심화시키는 등 그 문제점이 매우 심각하다.

앞으로가 더 문제다. 교육부는 오는 31일, 2021학년도 수능 개편안 확정·최종 발표 전까지 네 차례 권역별 공청회를 열어 두 가지 안에 대한 의견을 수렴할 것이라고 한다. 그런데 수능 개편 시안 작성 과정에서 불통 방식을 유지한 교육부가 시안을 확정하는 과정도 자신들이 바라는 시안을 확정하기 위한 요식적인 절차로 생각하는 인상이 짙다. 무엇보다 큰 문제가 2개 안의 시안에 대해 아무런 절충이나 수정도 없이 양자택일을 강요하고 있다는 것이다.

애초 교육부는 7월 말까지만 해도 새 정부의 교육개혁 목표인 '학습 부담 경감', '경쟁 완화'에 걸맞은 개혁안을 갖고 있었다. 국어, 수학, 영어, 한국사, 통합사회, 통합과학 등 총 6개 과목을 고1 수준의 출제 범위에서 절대평가로 내는 '공통과목 위주 전 과목 절대평가안'이었다.

또한 진보적인 교육단체들은 수능시험 전 과목 5등급 절대평가제를 도입해 학교교육이 수능 점수를 올리기 위한 방편에서 벗어나 학생들 삶에 필요한 배움과 성장이 가능한 교육이 되게 해야 한다고 제안한 바 있다. 그런데 앞으로 진행될 공청회 과정에서 이같이 진취적인 제3방안이 논의되지 못한다면 무슨 의미가 있겠는가. 지금이라도 교육부는 공청회를 통해 수능 개편안을 2015 교육과정의 근본 취지와 미래지향적인 교육 목표를 충실하게 반영하는 방향으로 보완하고 재검토해야 할 것이다.

8월 31일, 대학수학능력시험 개편안이 확정되면 앞으로 수년 동안의 학교교육 방향을 좌우하게 된다. 교육부는 모든 아이가 우리 모두의 아이라는 문재인정부의 교육 철학과 혁신교육의 아이콘이라는 김상곤 교육부 장관의 첫 교육개혁 작품이 대입 수능 개편안임을 직시해야 한다. 부디 공청회 과정에서 우리 교육의 근본 과제인 입시 경쟁 교육 해소와 공교육의 정상화를 달성할 수 있도록 수능 개편 시안을 대폭 수정하고 보완하기를 바란다.

2017. 8. 17.

전국 17곳 시도 교육감
대담을 마치고

저는 지난 한 해 반 동안 전국의 시도교육청을 찾아 대담을 나누고 한 교육 월간지에 연재하였습니다. 2015년 3월, 광주광역시 장휘국 교육감을 시작으로 전국 17곳 시도 교육감을 달마다 차례로 만났습니다.

교육감 대담을 진행하게 된 것은 교육에 대한 학부모님들의 높은 기대감 때문이었습니다. 알다시피 지난 2014년 6월 4일 지방자치 선거에 전국 교육감 선거도 함께 치러졌습니다. 그런데 애초 예상 밖으로 교육의 변화와 혁신적인 정책을 내세운 이른바 진보 교육감들이 대거 당선되었습니다. 이러한 선거 결과는 투표일 즈음에 일어난 세월호 참사가 교육의 근본 변화를 요구한 것이라고 진단하였습니다. 꽃 같은 아이들의 희생 속에 탄생한 새로운 교육감들이 정말 다시는 이 같은 불행이 없도록 우리 교육을 확실하게 바꾸어야 한다는 국민들의 엄중한 요구였습니다. 그래서 그 교육 변화의 현장을 찾아가 눈으로 확인하고 귀로 듣고 싶었습니다.

학부모님들이 관심을 갖고 있는 교육정책과 교육 방향, 각 시도 교육청 지역 특성에 따른 교육감들의 공약이나 역점 사업이 달라서 대담 내용도 그때마다 다를 수밖에 없었습니다. 하지만 주로 다룬 내용은 교육 목표와 방향, 주요 특색사업, 학교 혁신 방향, 교실 수업의 변화 양상, 학생들의 학습과 생활, 교육복지, 교육혁신행정 들이었습니다.

교육감들의 교육 공약과 정책 방침은 조금씩 달랐지만 대담 과정에서 공통적인 사항이 몇 가지 엿보였습니다. 무엇보다 교육감들이 정치적인 견해 차이는 있어도 교육정책에 관해서만큼은 하나같이 변화를 추구하고 개혁적인 입장을 갖고 있다는 것입니다. 특히 대부분의 교육감들은 현재의 시험점수 따기, 대학입시 중심의 주입식 교육으로는 미래가 없다고 강조했습니다. 아이들이 앞으로 살아 나갈 새로운 미래를 위해 교육과정을 다시 짜고 수업을 바꾸는 데 역점을 두면서 학교가 변화의 출발이자 완성이라는 관점으로 교육혁신을 추진해 가고 있었습니다. 또한 교실 수업을 학생 중심으로 바꾸기 위해 질문과 토론이 살아 있는 수업을 확산하는 데 지원을 아끼지 않았습니다.

시도교육청마다 뚜렷하게 남다른 교육정책과 특색사업도 눈에 띄었습니다. 광주시는 교사들이 학생들의 인생 멘토가 되어 또 다른 부모님 역할을 해 주는 희망교실을 운영하고, 강원도는 놀이헌장을 공포해 학교에서 일정한 놀이시간을 확보해 주기도 했습니다.

세종시는 공립단설유치원을 31곳이나 세워 유아 공교육의 밑바탕을 마련하였고, 대구에서는 평생교육을 학부모 교육으로 대폭 바꿔 확대하였습니다. 제주는 소아과전문의를 채용해 학생건강증진센터에서 근무하게 하는 것처럼 지역마다 특성화된 정책을 추진하여 교육 만족도를 높이려 애쓰고 있었습니다.

시도교육청과 교육감들에게 거는 기대만큼이나 지방교육자치가 갖는 한계와 어려움도 눈에 띄었습니다. 무엇보다 아직까지도 교육부가 갖고 있는 막강한 권한과 충돌하는 문제였습니다. 교육부의 시책을 전국에 획일적으로 시도하려 들 때 생기는 불협화음과 부조화가 그것입니다. 학교폭력 학생부 기재, 누리과정 무상보육예산 의무 편성, 한국사 교과서 국정화 같은 것들이 대표 사례입니다. 학생 교육에 직접 영향을 미치는 이러한 중요 사안과 예산에 대해 교육부가 과거 중앙집권적인 방식으로 지시하고 집행을 강요하는 상황에 대해 교육감들은 매우 곤혹스러워하고 불만스러워하였습니다. 따라서 교육의 자주성, 정치적 중립성을 지키기 위해서는 국가교육위원회 설치와 지방교육자치의 자율성 강화가 시급해 보였습니다.

전국 교육감들과 대담을 마무리하면서 아쉬움도 남습니다. 한정된 시간 때문에 이야기 내용을 충분하게 듣지 못하고 핵심 내용을 추릴 수밖에 없었다는 점입니다. 그러다 보니 교육의 구체적인 진행 과정을 자세하게 살펴보지 못하고 실제 학교현장의 변화 모습을 확인하기에는 어려움이 뒤따랐습니다. 그래도 교육감들의 교육 철학과 정책을 가깝게 살펴보고 이해할 수 있었다는 점에서 큰 의미를 붙이고 싶습니다. 바쁜 가운데도 시간을 내어 대담에 응해 주신 17개 시도 교육감님들에게 고개 숙여 감사드립니다.

2016. 6. 20.

서른 살 학부모단체는
어디쯤 서 있을까

　제가 처음 참교육학부모회를 강렬하게 마주한 건 1989년도 끝 무렵, 바람 찬 연세대 광장으로 기억합니다. 전교조 탄압 저지를 위한 시민사회 결의대회 날인 듯한데 고인이 된 오성숙 회장님의 연설이 지금도 가슴에 남아 있습니다. "참교육을 위해 희생을 무릅쓰고 나선 전교조 선생님들을 우리 학부모들이 끝까지 지켜 주겠다. 이제 학부모들도 교육 주체로 분연히 떨쳐 일어서겠다"라고 높은 목청으로 카랑카랑하게 외쳤거든요. 저도 그 당시에 전교조 교사로 해직된 처지라서 강한 연대와 응원을 보내 준 참교육학부모회에 애정이 깊어질 수밖에요.

　그 뒤 해직교사 기간과 복직을 하고도 줄곧 참학 회원이 되어 지역 학부모회를 만들고 함께 활동을 해 왔습니다. 1996년도에 전국 15번째로 고양(시)지회가 창립된 날은 참 가슴 벅찼습니다. 지역 조직으로는 좀 이른 시기였는데도 사전에 알차게 학부모 사업을 진행한 덕분인지 100여 명 학부모들이 모여 성대한 창립식을 가졌지요. 더구나 고양지회는 창립 초기에도 활동가들의 조직 역량이 뛰어난 편이었습니다. 그래서 한창일 때는 회원이 200여 명을 넘어섰을 뿐만 아니라 다양한 교육 관련 활동도 줄기차게 펼쳐 나갔지요. 고양지회의 뒤를 이어 인근의 파주(시)지회는 2004년도에, 김포(시)지회는 2009년도에 창립되어 참교육운동의 지평을 넓혀 나갔습니다.

지역 학부모회 초기에는 주로 회원 교육과 일반 학부모 강좌에 힘썼던 걸로 기억합니다. 글쓰기, 역사, 풍물, 상담 같은 분야의 강좌를 열어 회원을 모은 뒤 소모임으로 진전시켜 나갔지요. 방학이나 공휴일에는 아이들과 문화유산 답사, 갯벌탐사, 시골살이 같은 체험 마당을 진행하기도 했습니다. 지역 시민단체와 연대 활동에도 적극 나서 어린이날 전통놀이한마당과 고교평준화, 러브호텔 저지 활동에 주역이 되어 참교육학부모회 이름이 자랑스러웠지요. 특히 제도 도입 초기였던 학교운영위원회와 민주적인 학교 운영에는 누구보다 참학 회원들이 앞장서 활동했습니다.

교육개혁과 지역사회 발전에 이처럼 적극적인 활동을 하게 되니 성취감과 보람이 컸을 겁니다. 그 반면에 참교육을 부르짖고 목표를 향해 나아가다 보니 부딪치는 어려움과 장애도 그만큼 닥쳐왔습니다. 학교운영위와 학부모회 활동을 하면서 학교 전반을 바로 알고 문제점을 지적하다 보면 그에 따른 주시와 공격도 적지 않았습니다. 전교조와 함께 엮어서 마치 불온한 세력인 양 몰아가는가 하면, 문제를 일으키는 강성 학부모로 낙인찍어 다른 학부모들과 분리시키기도 하였습니다. 또한 내 아이만이 아닌 우리 모든 아이들을 위한 학부모회 활동을 바삐 하다 보면 자기 아이는 오히려 뒤처지거나 외롭게 떠돌아서 속상하기도 했지요.

그래서일까요? 학부모회 역사와 운동이 길어질수록 학부모들의 참여와 활동이 조금씩 저조해지는 걸 느낄 수 있었습니다. 무엇보다 새로운 젊은 학부모들은 모임에 들어오지 않고 옛 회원들은 자녀들이 중고교를 졸업하면서 지쳐 나가더라고요. 참된 교육을 그토록 열망하며 헌신하던 학부모 활동가들은 하나둘씩 우리 곁에서 떠나갔습니다. 그러더니 어느 틈에 옛 회원들끼리 만나는 작은 모임은 유지되는 듯한데, 지역사회 연대 활동도 축소되는 인상이었습니다.

이제 참교육학부모회가 우리 사회에 뿌리내린 지도 30년이 넘는 걸로 압니다. 그동안 여러분이 열성적인 학부모 활동을 펼친 덕분에 혁신교육이 확산되고 많은 진보 교육감들이 교육행정을 펼치고 있습니다. 또한 학부모회 활동을 보장하는 학교자치 조례가 제정되고 학부모회 법제화가 논의되고 있습니다. 이 막중한 시기에 참교육학부모회는 어디쯤 서서 무엇을 하고 있는 걸까요? 새로운 젊은 학부모들이 학부모 운동에 즐겁게 나서게 하려면 어떻게 해야 할까요? 서른 살을 넘어선 참교육학부모회의 고민이자 참교육을 열망하는 우리 모두의 과제입니다.

2021. 1. 21.

참교육의 꿈은
짓밟히고
거리의 교사가

새싹이 움트는 봄날, 경기도 안성교육청에서 보체초등학교로 발령장을 받았다. 버스에서 내려 농촌마을의 질척한 시골길을 걷는데 학교까지 30분 넘게 걸렸다. 마을 들머리 언덕배기에 아담하게 작은 단층짜리 학교가 운동장을 내려다보고 있다. 그렇게 교육대학을 졸업한 지 1년 뒤인 1983년 3월 5일, 초등학교 교사로서 처음 교단에 서기 시작했다.

처음 만난 아이들은 5학년 12살짜리인데, 인사성이 밝고 순진하였다. 사실 교육대학을 다닐 때는 교사가 되는 게 정해졌는데도 교사로서 사명감 같은 건 별로 없었던 것 같다. 그런데 막상 아이들을 만나다 보니 그들의 순진한 눈망울이 주는 힘이 있었다. 아이들 가르치면서 조금씩 보람을 느끼게 되고 교육의 중요함을 알게 되었다. 그래서 대학 때는 거들떠보지 않았던 교육학 책들을 찾아보고 아동심리와 아동문학을 공부하였다.

처음 아이들과 함께 공부하고 생활하는 시간은 새록새록 즐거웠다. 시골 아이들에게는 학교만이 유일한 배움터라서 나름 열의를 갖고 학습 지도를 하였다. 특히 아이들을 고루 사랑해야지 하는 교육관만큼은 지키면서 집안이 어렵고 힘든 아이들을 보살피려 애썼던 것 같다. 젊은 신규 교사이니만큼 가끔씩 참신한 교육 활동을 시도하기도 했다. 봄이면 시화전을 열어 교정에 게시하고 학교 문집도 만들었다. 바람 부는 가을날에는 억새밭 언덕으로 나가 야외 수업을 하고 연날리기 대회를 열기도 하였다. 학교 동료들도 대부분 신규로 발령받은 젊은 교사들이라 뜻이 잘 통하고 아이들 이야기를 자주 나누면서 힘을 얻었다.

아이들 사랑하는 마음이 깊어 가고 교육에 대한 인식이 달라질수록 교사로서 소신 있게 교육할 수 없는 문제점들이 눈에 들어왔다. 그때만 해도 교육 관료주의 폐해가 심각했다. 학교는 교장, 교감 중심으로 운영되고 그들의 지시에 복종해야 하는 분위기였다. 하루를 기분 좋게 시작해야 할 이른 아침에 가장 마음 싫은 게 직원조회였다. 전체 직원이라 해 봐야 6학급 교사들과 교장, 교감 합해 모두 8명이 날마다 교무실에 모여 앉았다. 조회 분위기는 늘 엄숙함과 지루함 그 자체였다. 교사들의 몇 마디 전달사항이 끝나면 교감, 교장이 되풀이하는 갖가지 지시와 훈계가 보통 30여 분가량 이어졌다. 대부분 교육청 공문 지시사항과 청소 잘하기, 실내 정숙, 시험점수 같은 잔소리가 아침 기운을 가라앉게 만들었다.

안성에서 근무한 2년 뒤에 고양시로 학교를 옮기고 어느덧 교사

생활도 익숙해져 갔다. 하지만 아이들 교육에 집중할 수 없는 학교 현장의 문제점들은 다르지 않았다. 무엇보다 아이들 가르치는 업무 외 잡무가 교사들을 짓눌렀다. 그 당시 6학급 초등학교에는 행정직이 배치되지 않아서 교사들이 온통 행정업무를 도맡았다. 나는 첫번째와 두 번째 모두 6학급 규모 학교에서 서무, 체육, 새마을, 애향단 같은 온갖 업무들을 배정받았다. 그래서 수업 중에 공문서를 작성하거나 수업이 끝난 뒤에도 교재 연구는커녕 잡무 처리하다가 퇴근하기가 일쑤였다.

교육청은 학교를 말단 행정청 취급하고 교사들 위에 군림하는 게 간행이있다. 교육청에서 개최하는 체육대회, 합창대회를 비롯한 순위 경쟁 교육 행사에 출전하기 위한 연습으로 수업은 뒷전이었다. 학교나 학생들을 도구 삼아 실적을 내서 승진한 교육청의 장학관과 교육 관료는 상전이었다. 그래서 그들이 학교를 방문하면 수업보다 청소를 신경 써야 했고, 교장은 우리들 보는 앞에서 하얀 돈봉투를 건네며 인사를 하였다.

학교를 둘러싼 현실이 이처럼 암울했던 그 시기는 1985년도, 1986년도 즈음인데 군부독재가 정권 유지를 위해 기승을 부렸다. 하지만 그만큼 각성된 시민들의 저항도 번져서 각 부문의 사회민주화 운동세력이 조직화되고 있었다. 도도한 민주화 물결은 교육계도 예외가 아니었다. 85년도 어느 날 일간지에서 참교육을 실천하려는 교사들이 소모임을 만들어 교육운동을 펼치고 있다는 소식을 보고 눈이 번쩍 뜨였다. 그래서 떨리는 가슴을 부여안고 찾아간 모임이 YMCA초등교육자회였다. 그곳에서 나는 참된 교육을 실천하는 동지들을 만나면서 교육운동에 새롭게 눈을 뜨게 되었다.

교사 모임을 하면서 익힌 신나는 놀이와 노래, 글쓰기는 즐겁고 행복한 교실을 만들었다. 아이들은 새로운 교육 방식에 눈빛이 살아나고 우리 교실은 신나는 활동으로 출렁거렸다. 한국글쓰기교육연구회에도 참여하여 아이들에게 참삶을 가꾸는 글쓰기를 실천하고 학급문집도 학기마다 발간하였다. 더 나아가 많은 교사들이 교육운동에 참여하면 참교육을 실현하고 부조리한 교육을 바꿔 낼 수 있다는 신념이 강해졌다. 그래서 '민주교육추진 경기교사협의회'를 만드는 데 앞장서고 사무국장으로 일하면서 전국교직원노동조합 준비에 매진하였다.

아이들에게 진실을 가르치고 정의롭게 살아 보고자 했던 교사로서 꿈은 순탄하게 피어나기가 어려웠다. 부도덕한 군부정권은 교사들이 깨어나 깃발을 든 전교조 결성을 탄압하고 좌경용공 세력으로 내모는 데 혈안이었다. 교육청 장학사와 경찰서 정보과 형사가 합동이 되어 벌이는 감시와 동향 파악은 날로 심해졌다. 전교조 모임이나 행사나 있는 날이면 교장실에 불려가서 불참을 강요당하고 심지어는 방학 중에 특별 감사를 벌여 교원 전체가 비상 등교까지 시켰다.

하지만 전교조 활동이 아이들 앞에 떳떳하고 교육 미래를 위해 반드시 해야 할 사명이라고 확신했기에 꺾이지 않고 나아갔다. 노태우 반민주정권은 결국 1989년 7월 13일, 직위해제 통보를 통해 아이들 곁에서 나를 학교 밖으로 내몰았다. 그 뒤 1989년 8월 8일, 전교조 활동을 이유로 파면 처분을 받고 찬바람 부는 거리의 교사가 되었다.

2021. 8. 31.

대선,
교육문제가 으뜸이고
밑바탕이다

국민을 무시한 어리석은 박근혜 대통령이 자리에서 물러났다. 대신 대통령 선거가 앞당겨져 5월 9일 치른다. 이번에 새로 뽑힐 대통령은 어느 때보다 시민들 기대가 높다. 그만큼 새 대통령의 책임감도 엄중할 것이다. 앞으로 대선이 본격화되면 어떤 의제를 두고 경쟁을 벌일까? 매우 궁금하고 관심이 간다. 사실 나는 박근혜 탄핵사태 이전부터 이번 19대 대통령 선거에서는 교육문제가 가장 핵심이라고 생각해 왔다. 산적한 교육문제를 확실하게 해결할 방안과 의지를 가진 대통령이야말로 지금 시기에 가장 필요하다고 믿었다. 그 생각은 지금도 변함이 없다.

교육은 온 국민의 관심사이자 생활상의 문제이다. 어느 누구도 학생 시기를 거치지 않거나 학부모 아니었던 사람이 별로 없으니 말이다. 더구나 세계에서 가장 교육열이 높은 게 우리나라 아닌가. 그래서 역대 대통령들은 하나같이 교육 대통령이 되겠노라고 내세웠지만 안타깝게도 겉치레 말잔치로 끝났다. 막상 대통령이 된 뒤에는 교육정책은 늘 뒤로 밀리고 교육 상황은 도리어 악화되고 말았다.

교육은 우리 삶의 희망이자 미래이다. 그런데 오늘날 교육은 우리를 희망에 부풀게 하지 않는다. 오히려 교육 때문에 많은 이들이 고통스러워하고 있다. 아이들은 살인적인 입시 경쟁 교육으로 점수따기 위한 껍데기 지식교육에 내몰리고 있다. 부모들은 어려운 가정경제 여건에서도 과중한 사교육비 부담으로 허리가 휜다. 극심한 경쟁 교육과 교육비 부담 걱정에 출산율까지 낮아져 국가 미래를 걱정할 정도가 되었다. 이번 대선에서만큼은 이렇게 뿌리 깊은 교육문제를 확실하게 풀어 나갈 방안을 가진 대통령이 나와야 한다. 대통령이 확고한 교육혁신 의지를 갖고 이 나라 교육 중병을 속 시원하게 해결해 주었으면 한다.

교육단체들이 중심이 되어 구성된 '사회적교육위원회'는 대선을 앞두고 중요한 15가지 교육 과제들을 선정했다. 입시중심교육 폐지를 위한 '대학입학자격고사제 도입', 대학서열화 해소와 공공성 강화를 위한 '대학통합네트워크 구축', 교육의 자치와 분권을 위한 '국가교육위원회 설치', 경쟁보다는 협력, 학생이 행복한 학교를 위한 '학교 민주주의 강화-혁신교육 확산', 교육복지와 지속가능한 사회를 위한 '교육재정 확대-무상교육 실시' 들을 5대 핵심 과제로 제시했다. 그 외에 '특권학교 폐지, 사립학교 민주화, 학급당 학생 수 감축' 등 10대 주요 과제도 공약으로 반영하기를 요구하였다.

사회적교육위원회가 제안한 주요 과제들은 대선 국면에서 충분한 토론과 검증이 진행될 것이다. 고양시에서 4월 17일 열리는 제56회 고양포럼에서도 교육의제에 관한 시민들의 여론과 의견을 충실하게 들으려고 한다. 그래서 이러한 과제들이 궁극적으로 학생들의 행복한 배움과 올바른 성장에 직결되어야 생명력을 가지게 됨은 말할 나위 없다. 한편으로 새 대통령이 교육혁신에 성공하려면 무엇보다 교육 주체인 교원, 학부모, 학생들의 의식 변화, 참여와 협력이 뒤따라야 한다. 따라서 현재 교육부와 도교육청에 집중된 교육정책 권한을 학교와 교육 주체들에게 대폭 내려보내고 되돌려 주어야 한다. 국가주의 교육에서 교육 주체 중심의 교육이 이루어져야 하는 것이다. 그래야 진정으로 교육의 다양성이 살아나고 자율성이 일어난다.

　마지막으로 강조하고 싶은 것은 우리 교육문제는 교육 단독의 변화만으로는 풀리지 않는다. 사회구조 문제와 바로 연결되어 있다. 끝없는 입시 경쟁과 엄청난 사교육비도 결국 이름난 대학을 나와야 안정된 일자리와 임금이 보장되는 우리 사회 현실과 맞물려 있지 않은가. 따라서 본질적인 교육개혁이 이루어지려면 단순한 입시제도 개선만으로는 안 된다. 근본적인 사회구조 개혁 장치와 함께 제시되어야 실현 가능성과 효력이 있다. 5월 9일 대선, 우리 사회의 적폐를 청산하고 새로운 체제로 나아가려는 기로에서 교육혁신이 그 밑바탕과 으뜸이 되길 바라고 또 바란다.

2017. 4. 10.

문재인정부
교육정책 공약에 부쳐

　문재인 새 정부가 새롭게 출범하였다. 시민 촛불의 힘으로 탄생한 정부라서 그런지 국민들의 기대치만큼 국정 운영도 잘하고 있다. 계속해서 나라 전반의 기틀이 바로잡히고 개혁되어야겠지만 우리의 미래인 교육이야 더 말할 나위 없다. 지난 대선에서 문재인 대통령은 교육 공약 자료를 통해 "교육에 대한 국가 책임 강화"와 "모든 아이들은 우리 모두의 아이들이다"라는 구호를 내세웠다. 교육정책 방향에 대한 기조와 철학을 밝힌 것이라 할 수 있다.

　교육 분야 정책은 크게 15개 공약에 70여 개 세부 과제를 제시하였다. 그 가운데 중심이 되는 주요 정책으로는 △ 국공립유치원 40% 확대, △ 고교학점제 추진, △ 대학입시제도 간소화, △ 특목고, 자사고의 일반고 전환, △ 거점 국립대 집중 육성 및 공영형 사립대 전환, △ 국가교육회의 설치 들을 들 수 있다.

　교육 공약들은 선거 시기 만들어진 것이라는 특성상 앞으로 여론 수렴 과정과 현장 조건을 고려해 좀 더 보완되고 재구성되어야 할 것이다. 이러한 관점에서 교육 공약이 어떤 전략과 목표를 갖고 추진되어야 하는지, 예상되는 문제점이 무엇인지 면밀히 살펴볼 필요가 있다.

먼저 국공립유치원 확대는 유아교육비의 국가 부담과 더불어 많은 학부모들이 지지하는 교육복지 정책이다. 지금 시기 유아교육이 거의 의무교육이 된 현실에서 유아 공교육화를 통해 교육비 부담을 줄이고 교육력을 안정적으로 유지하는 것은 기본이다. 다만 이후 뒤따르는 재정과 사설 유치원 및 민간 어린이집을 공영형으로 유도하는 지원 대책이 뒤따라야 할 것이다.

문재인정부 교육정책에서 변화가 가장 크게 예상되는 분야는 고등학교 교육과 입시제도이다. 먼저 현행 고등학교 교육에 새로운 방향 전환이 시도될 정책은 고교학점제 도입이다. 그동안 고등학생들은 문·이과만 나뉜 채 거의 동일한 교과와 시수로 배워 왔다. 이같은 획일적인 교육과정을 탈피해 학생들이 배움의 주체가 되어 적성과 진로에 따라 교과를 선택하도록 하겠다는 것이 고교학점제이다. 이는 학생들의 선택권을 중시한 한 걸음 진전된 정책이지만 학교의 교실 여건과 교사 인력 준비 정도에 따라 단계적으로 시행될 공산이 커서 기대만큼 효과가 있을지는 모르겠다.

대학입시제도 개선은 현재 추세인 수시 확대, 정시 축소 방침을 그대로 유지하되 수시의 복잡하고 다양한 입시전형을 간소화한다는 방침이다. 그래서 대학입시를 크게 학생부종합전형, 학생부교과

전형, 수능 시험의 세 가지로 단순화하겠다는 것이다. 학생부 중심의 수시 전형도 논술이나 영어, 수학, 과학 우수자 특기자 전형 등 사교육을 유발하는 전형을 축소하고, 학생부에 반영하는 비교과 영역인 소논문, 추천서들도 폐지하게 된다.

여기에 더해 현재 중학교 3학년 학생들이 응시하게 되는 2022년도 수능시험의 절대평가 도입도 이번 7월 말 안에 결정을 해야 한다. 이는 고등학교 학생들을 수능시험 상대평가로 한 줄 세우는 치열한 입시 경쟁을 완화하고, 고등학교 교육과정을 시험 대비 위주가 아닌 교과 과정 중심으로 돌리려는 전략이다. 물론 이에 따른 내신의 공정성이나 변별력 문제들을 일부에서 제기하겠지만 고등학교 교육을 정상화하고 학교 교육을 내실화하는 차원에서 넘어서야 할 산이라고 본다.

특목고, 자사고를 일반고로 전환하겠다는 방침은 대선 국면에서 5명 주요 후보 가운데 네 후보의 공통 공약이었다. 그만큼 자사고, 특목고가 일으키는 교육문제가 심각할 뿐 아니라 일반고 전환에 대한 국민적 공감대가 크다고 할 수 있다. 하지만 막상 시행 과정에서는 상당한 논란과 반발이 일어날 것으로 예측된다. 따라서 현행 자사고, 특목고의 일반고 전환에 대한 당위성을 폭넓게 이해를 구하고 법률을 합리적으로 적용해야 할 과제를 남겨 두고 있다.

이 밖에도 중요한 정책으로 교육부가 가진 초중등 교육에 관한 권한을 시도교육청과 학교로 이관하고, 국가교육회의를 설치해 중장기적인 교육정책을 수립하는 일이 있다. 또한 지방 국립대를 집중

육성하고 사립대 공영화를 추진하여 대학별 종합 네트워크를 구축해 대학서열화를 해소하고 특성화하는 것도 절실한 과제이다.

문재인 대통령 교육 공약이 공교육의 본래 목표를 회복하기에는 충분하지 않은 게 사실이다. 또한 미래 사회의 변화를 대비하여 분명한 비전과 교육 철학을 제시하여 국민적 공감대를 얻는 것도 필요하다. 문재인정부 5년 동안 교육이 올바르게 혁신되고 변화되어 우리 아이들이 입시 경쟁에서 벗어나 배움이 즐겁고 삶이 행복하길 바란다. 교육이 우리의 미래이고 아이들의 희망이다.

2017. 6. 26.

2부

마을공동체와
더불어 살아가며

2014년도는 제 일상생활에도 전환점이 되는 시기였습니다. 20여 년 동안 살던 일산 신도시 아파트 생활을 벗어나 예부터 자리한 자연마을로 들어와 새로운 삶을 시작했기 때문입니다.

내곡동의 영주산 아래 마을에서 사시사철 변화되는 자연을 느끼고 영주산마을공동체 아버지들과 어우러져 살아가는 맛이 쏠쏠했습니다. 제가 사는 마을 이야기와 살아가며 깨우치고 감동받은 일들을 진솔하게 담아 내보입니다.

새해, 행복하게보다
착하게 살기로

새해 새 아침이 밝았습니다. 해가 바뀌었다 해도 하루하루가 이어지는 것이지만 새해를 맞는 기분은 늘 새롭습니다. 새 마음 새 기분이 되어 겉은 옛사람이되 속은 새사람으로 거듭날 수도 있기 때문입니다. 무엇보다 새해를 맞으면 어린아이처럼 새로운 소망을 품고 또 다른 다짐을 할 수 있어 좋습니다.

저도 새해 아침에 뜨는 해를 보면서 한 해를 어떻게 살아갈까 설계하는 묵상을 하였습니다. 제가 지나온 날들을 돌이켜 보면 아무래도 과정보다는 목표를 중심으로 살아왔습니다. 또 일보다는 사람이 먼저라고 생각하면서도 가끔은 일에 가려 사람을 못 보기도 하였습니다. 그러니 그때마다 현재 삶을 즐기지 못하고 미래 이상을 좇아 자신을 채근하기에 바빴지요. 이제 이런 고단한 삶의 방식을 조금 내려놓고 싶습니다. 좀 더 넉넉하고 여유로운 마음으로 지금을 즐기며 살아야겠다 마음먹어 봅니다.

몇 년 전에 탁구를 한번 배워 보고 싶을 때가 있었습니다. 그래서 큰맘 먹고 탁구장에 레슨을 신청해 놓았다가 며칠 만에 포기해 버렸습니다. 일주일에 두세 번 일정한 시간을 내야 하는 부담이 커서 그랬습니다. 그 시간에 사람을 만나고 일을 처리하는 것이 더 중요하다는 생각이 앞서 나중으로 미루자는 것이 결국 탁구를 못 치게 되고 말았습니다. 이렇게 목표를 향해 일 중심으로 살다 보니 시간을 내서 익혀야 하는 운동이나 취미 활동 한 가지도 제대로 하는 것이 없으니 한탄스럽습니다.

올해는 앞으로가 아니라 살고 있는 이 순간순간이 인생의 가장 황금 시기임을 알고 현재를 즐겁게 지내려고 합니다. 지금 하고 싶고, 할 수 있는 일들을 나중으로 미루지 말아야겠습니다. 시간을 내어 운동을 하고, 악기를 배우고, 공연을 감상하고, 여행도 해 보려고 합니다. 지금 제 앞에 주어진 시간과 환경을 늘 고맙게 받아들이면서 경건한 마음으로 살아야겠습니다.

우리 사회에 한때 "부자 되세요"라는 자본 냄새 풀풀 나는 인사말이 나돌던 때가 있었습니다. 요즘은 세상 풍조도 달라지고 추구하는 가치도 높아져서 많은 이들이 "행복한 삶"을 추구합니다. 행복 증후군이 생길 정도로 행복을 강조하고 우선으로 생각합니다. 그런데 지나치게 자신이 일상에서 행복한가를 자꾸 따지면서 오히려 불행감에 빠지게 되기도 한답니다. 행복하기 위해 자꾸 무엇인가를 얻거나 채워야 한다는 강박관념을 갖기 때문이지요. 그러면서 돈, 건강, 취미, 친구 같은 다양한 것들이 채워지지 않아 삶이 행복하지 않은 것처럼 욕구 불만에 빠지는 것입니다. 특히 자신이나 가족의 행복을 얻기 위해 다른 이의 행복을 뺏거나 외면하는 일이 일어날 수도 있습니다.

저는 때때로 안산의 고훈 목사님이 만든 찬양을 부르면서 행복한 삶의 기준을 다시 되새겨 보곤 합니다. 그 가사가 이렇습니다.

"내가 웃고 있을 때/ 이 세상 어느 곳에서/ 나의 웃음으로 인하여 울고 있는 사람이 있으리/ 내가 오르고 있을 때/ 이 세상 어느 곳에서/ 나의 오름으로 인하여 내려가는 사람이 있으리/ 산다는 것은 모두 다 그런 일/ 기쁨 또한 기쁨만은 아니어라/ 오름 또한 오름만은 아니어라/ 내가 잃고 있을 때/ 이 세상 어느 곳에서/ 나의 잃음으로 인하여 얻고 있는 사람이 있으리/ 산다는 것은 모두 다 그런 일/ 잃음 또한 잃음만은 아니어라/ 잃음은 결코 잃음만은 아니어라."

다가온 새해에 저는 '행복하게 살기'에서 나아가 '착하게 살기'로 삶의 방향을 틀어 보기로 마음먹었습니다. 생각해 보면 착하게 살기 위해서 무엇이 충족되어야 한다는 조건은 그리 많지 않습니다. 오히려 많이 버리고 비워야 착하게 사는 데 도움이 됩니다. 앞으로 주변 사람들을 자주 도와주고 착한 일을 많이 해서 착한 사람이라는 말을 들으며 살고 싶습니다. 바보처럼 착한 것도 괜찮을 듯싶습니다. 내 자신을 늘 갈고닦아 다른 이들을 편안하게 하는 "수기안인"을 화두 삼아 2019년도를 살아가겠습니다. 여러분도 모두 새해를 아름답고 복되게 지내시길 빕니다.

2019. 1. 3.

세 권의 책,
삶의 면역력을 키우며

신종 코로나 바이러스로 온 나라가 들끓고 있다. 아직까지 질환으로 생명을 잃은 이가 없어 다행이라지만 사회적으로 앓고 있는 증후군이 더 심각해 보인다. 무엇보다 생활의 활력이 떨어지고 사람들 사이 단절의 벽이 높아져서 걱정이다. 이럴 때일수록 우리 삶이 위축되거나 침체되지 않도록 순간순간 깨어 있으려 노력해야겠다.

내가 요즈음 신종바이러스 증후군에 눌리지 않으려 선택한 것은 책 읽기다. 읽을 책들은 내 생활 습관이나 가치관에 도전하는 내용으로 골랐다. 그렇게 붙잡은 책이 《82년생 김지영》과 《90년생이 온다》,《하루를 더 살기로 했다》라는 제목의 세 권이다. 이 가운데 앞의 두 권은 익히 들었지만 시간에 쫓겨 미뤄 둔 책이고, 세 번째 책은 널리 알려지지는 않았지만 존경하는 선배 교육자가 보내 준 책이다. 이 세 권의 책을 읽으면서 내 사는 꼴과 세상 돌아가는 모습을 뜯어보고 되돌아보면서 신종바이러스로 속 시끄러운 날들을 이겨 내었다.

"김지영 씨는 우리 나이로 서른네 살이다. 3년 전 결혼해서 지난 해에 딸을 낳았다"라는 문장으로 시작하는 소설 《82년생 김지영》 은 그 서사적 구조와 간결한 문체 덕분에 짧은 시간에 읽기를 마쳤 다. 주인공 김지영 씨는 60년대생인 내 아내나 나와 20여 년 세대 차이가 나는 터라 그 성장 배경이나 문화가 다르긴 했다. 그래도 소 설을 읽어 가면서 지난날부터 우리 사회와 가정, 학교가 저질러 온 여성에 대한 편견과 차별을 마치 지금 그 일을 겪듯 돌아볼 수 있 었다. 특히 혼인에 따른 남편 집안의 가부장적인 명절 문화가 얼마 나 한 여성의 자의식과 존재감을 망가뜨리는지 실감하였다.

《82년생 김지영》은 여성들 삶을 그려 낸 픽션이나 르포에 가까 운 이야기이다. 그래서 소설에 나오는 가족 사이에 일어나는 문제 는 현실과 대비하면서 읽게 된다. 여성으로 내 아내는 지난날 우 리 집에서 어떻게 살아왔는지, 우리 집안에서 며느리로 어떤 대우 를 받았는지를 곰곰이 되살펴 보게 하였다. 그러고 보면 내 아내는 김지영 씨보다 더 열악한 형편에서 생활하면서도 남성 위주의 집안 분위기를 참아내 왔던 게 사실이다. 더욱이 명절이나 집안 행사 때 면 친정보다는 시댁에서 대부분 시간을 보냈고 부엌일로 쉴 때가 별로 없었으니 말이다. 지금은 우리 집안의 남녀 문화나 명절 풍습 도 상당히 달라졌지만, 아내가 만약 이런 소설을 쓴다면 얼마나 할 말이 많겠는가.

《90년생이 온다》는 새로운 세대인 30대 이하 청년들의 특성과 직업 세계를 다각도로 취재하여 들려준 책이다. 평소에 세대 갈등을 느끼거나 이해가 부족한 노·장년층이 읽어 봐야 할 권장 도서로 손색없겠다. 기억에 남는 내용을 꼽으라면 90년대생은 언어와 인간관계에서 '간단하거나, 재미있거나, 솔직하거나'를 좋아한다는 것이다. 또한 개인 삶을 중시하고 조직에 희생과 충성을 요구하거나 꼰대 노릇 하는 상사를 참아내지 못한다. 헌신성을 최우선에 두고 꼰대 기질이 다분한 나 같은 사람이 직장에서 젊은이들을 만날 때 지침으로 삼으면 좋을 것 같다.

특히 이 책은 90년생 세대들의 특성을 일과 생활을 균형되게 추구하는 공무원 선호 현상에서 찾는다. 사실 내가 일하는 연수원에는 해마다 치열한 공무원 시험에 합격한 90년대생들 수백여 명이 신규 연수에 들어온다. 나는 그들을 만날 때마다 어떤 동기로 공무원을 하게 되었으며, 어떻게 인생 설계를 하고 있는지 대화하곤 했다. 이 책을 읽으면서 젊은 새내기 공무원들의 사고구조를 조금 더 이해하면서 가깝게 다가가기 편하게 되었다.

우리 몸에 바이러스가 들어와 발병하면 약이 없어서 치료할 수 없다고 한다. 몸이 가지고 있는 면역력을 높여서 몸 스스로 치료하도록 하는 수밖에 없는 것이다. 세상에 신종바이러스가 창궐할수록 나는 내면의 면역력을 키우기 위해 마지막 남은 책《하루를 더 살기로 했다》를 펼쳐 읽기로 했다. 이 책은 전직 교사이자 전교조 위원장을 지낸 1948년생 이수호 선생이 나이 70줄에 들어서면서 세상을 좀 더 넓고 깊게 바라보며 쓴 수상집이다. 그는 열렬한 교육

노동가로 일해 왔지만 나이 들면서 한없는 반성과 겸허한 모습으로 살아간다. 그의 이런 삶의 마디마디를 읽어 내려가면서, 세 권의 책 읽기를 마치기까지 나를 더욱 긴장시키고 단련시켜 다시 반듯하게 세우고 싶다.

2020. 2. 13.

트로트에
취해 있다 깨어

지난 겨우내 안방을 달구던 트로트 경연 프로그램들이 끝났다. 한동안 텔레비전을 틀면 '트롯 지겨워'라는 말이 나돌 정도로 잦았던 트로트 열풍이었다. 사실은 나도 꽤 오랫동안 트로트 방송에 빠져 있었다. 처음엔 가볍게 심심풀이로 보기 시작한 게 차츰 못 말리는 중독이 되어 갔다. 평소에 단 한 번도 시청해 보지 않은 TV조선도 트로트 챙겨 보려고 드나들었다. 그 방송 포함 세 곳 채널을 돌아다니며 트로트를 보고 듣고 따라 부르며 겨울날을 지나왔다.

그럼 트로트가 왜 이렇게 우리 사회에 파고들어 널리 유행하는 걸까. 물론 코로나19라는 변인이 작용했지만 내 생각에는 신선한 젊음을 가장 큰 요인으로 꼽고 싶다. 흔히 트로트라면 낡고 흘러간 옛것, 나이 든 사람들이 즐기는 가요, 촌스럽고 뻔한 노래라는 통념이 있다. 그런데 이런 고정된 통념을 깨고 새로운 변화를 시도한 것이 주목을 받고 성공을 거두었다. 트로트의 정체성인 가사와 곡은 그대로이지만 부르는 사람들을 젊고 새롭게 한 것이 주효했다.

젊은 가수들이 노래를 부르니 유행에 뒤떨어지거나 진부하게 느껴졌던 트로트가 참신하고 멋스러운 문화로 바뀌었다. 그래서 너나 나나, 어른이나 아이나 가리지 않고 트로트를 좋아하고 불러 댄다. 추억을 소환하는 흘러간 곡을 듣는가 하면 최근에 나온 경쾌한 곡도 배우면서 모처럼 세대 간 공통의 문화를 즐기고 있는 셈이다. 여기서 우리는 경직된 사고를 깨는 것이 얼마나 중요한가를 새삼 깨우치게 된다. 이런 트로트 열풍을 보고 한 목사님은 교회가 세상 변화에 둔감하다면서 트로트 성가를 만들어 볼 때라고 하였다.

트로트 경연에서는 국악을 전공한 출연자들이 위력을 발휘하는 게 자주 눈에 띈다. 〈트로트전국체전〉에서 한때 최정상에 올랐던 신승태가 그렇고, 〈미스트롯2〉에서 우승한 양지은과 준우승한 홍지윤 같은 이들이 모두 판소리나 경기민요 전공자들이다. 더욱이 트로트 신동이라 불리는 어린아이들은 대부분 일찍이 판소리를 배워 기본기가 탄탄하다. 그만큼 우리 소리가 발성을 폭넓게 하거나 감정을 드러내는 데 뛰어남을 알 수 있다. 다만 국악 환경이 열악하기 때문에 전공자들이 트로트로 방향을 트는 게 아닌가 싶어 못내 아쉽다. 더구나 국악에 천재적인 소질을 가진 어린아이들이 일찍부터 대중가요 시장에 취해 국악을 포기할까 싶어 안타깝다.

경연대회이지만 노래 실력으로만 우승하기 어렵다는 걸 시청자들이 일러 주는 맛도 쫄깃했다. 연예인이나 가수 출신인 심사위원단들은 노래 실력을 중심으로 판정을 한다. 그런데 대중들은 여기에 더해 출연자들의 살아온 내력과 인간성을 평가하였다. 그래서 십여 년 넘게 트로트 한길을 걸으며 고생해 온 가수들에게는 후한 격려를 보내 주었다. 더 충격적인 사건은 〈미스트롯2〉에서 7인의 최종 결선까지 오른 진달래가 학폭으로 하차하는 장면이다. 진달래는 그 실력과 인기도로 봐서 아마 우승자 반열에 오를 수 있었을지 모른다. 그런데, 학창 시절 저지른 학폭 사건으로 단칼에 가수의 꿈과 삶이 무너져내려 버렸다.

그에 대면 진달래가 빠져나간 자리에 추가 합격으로 끼어 들어온 양지은은 사랑과 인기를 거머쥐는 행운을 얻었다. 양지은은 다른 사람들보다 뒤늦게 들어와 이틀 만에 두 곡을 연습해 불러 내면서 시청자들 마음을 사로잡았다. 거기다 자신이 20대 중반에 아버지에게 신장을 떼어내 주고 그 후유증으로 국악 인생을 포기한 사연은 훈훈함을 더해 주었다. 무명의 그이가 우승이라는 왕관을 쓰게 된 건 노래 못지않게 시청자들의 응원 문자 투표가 결정적인 힘이 되었다. 그만큼 대중들은 이제 우리 사회에서 실력만이 아니라 인성을 중요하게 여긴다는 시대 흐름을 보여 준 것이다.

가벼운 마음으로 트로트를 즐기면서도 여전히 묵직하게 남는 뒤끝은 무엇일까? 그것은 경선이 숙명처럼 안고 있는 상업적인 순위 경쟁의 문제점이다. 특히 오직 1등만을 가려내 우대하고 나머지는 들러리가 된 듯한 시상 방식이 불만스럽다. 이는 한때 '1등만 기억하는 더러운 세상'이라는 유행어를 만들어 낸 우리 교육의 속내를 재연출하는 것 같아 속상했다. 사실 결선에 오른 7명은 모두 개성이 있고 그마다 잘하는 독특한 재능이 있다. 따라서 7명까지만 가리고, 분야마다 재능에 걸맞은 시상을 하면 얼마나 아름다울까. 더구나 1등에게만 1억 원 넘는 상금 몰아주기도 너무 지나치다는 생각은 나만 하는 게 아닐 것이다. 트로트에 취해 있다 깨어 보니 어느덧 새봄이 다가와 있구나. 이제 그만 털고 일어설 일이다.

2021. 3. 15.

코로나19가 지나가면
다시 만나야

안 쓰고 싶어도 이 이야기를 쓸 수밖에 없겠다. 그만큼 요사이 우리네 일상을 온통 지배해 버린 게 바로 '코로나19'이다. 오랜만에 반가운 사람을 만나도 빠지지 않는 화제가 이것이다. 제발 밥 먹을 때만이라도 안 나왔으면 하는데도 꼭 누군가 확진자 소식을 꺼내기도 한다. 이렇게 그 전파력만큼이나 강력한 코로나19가 좋든 싫든 우리 삶과 문화를 단박에 바꿔 놓았다. 무엇보다 사람들과 만나는 것을 극도로 자제하고 싫어하게 만들었다. 사람을 만나야 일이 되고 친교가 되고 사랑이 이루어지는 관계의 삶을 절단을 내 버렸다. 대신 사람이 서로 만나지 않고 처리할 수 있는 대체 수단이 연구되고 개발되고 도입되었다. 실시간 회의와 전달은 화상으로 진행하고, 학습은 각종 온라인 콘텐츠와 디지털 도구를 활용한다.

온라인 대체 방식에서 가장 획기적이라면 교회가 문을 닫고 온라인 가정예배로 돌린 것이다. 교회는 모임 공간의 상징이자, 모임 의식의 핵심이다. 사람들이 함께 모여 예배하는 걸 신앙심의 척도로 여겨 왔고, 모이기 위해 교회 건물이 생겨났다. 무엇보다 일요일이면 교회에 모여서 예배드려야 하는 걸 성경 말씀으로 알고 철저히 지켜 왔다. 일부 강경파 목회자들이 교회가 쉬는 걸 불만스러워하며 6·25 때도 예배는 멈추지 않았다고 강변하는 것도 그런 까닭이다. 따라서 이번 코로나 사태로 교회가 문을 닫고 온라인으로 가정 예배를 진행한 것은 우리 신앙사에서 미증유의 대사건이다.

교회가 쉬는 것만큼 중대한 사건이 학교 개학 연기에 이은 온라인 개학이다. 3월 초에는 학교가 일정 기간 쉬면 곧 개학이 이어질 거라는 믿음으로 어려움이 있더라도 받아들였다. 그런데 이제는 아예 코로나가 진정될 때까지 온라인 개학이라니 그 여파가 만만치 않을 것 같다. 자칫 코로나 시국이 계속된다면 1학기 내내 온라인으로 학교 수업이 이루어질 가능성도 배제할 수 없기 때문이다.

마치 전쟁 중에 예배가 열렸다는 것처럼 학교는 피난 중에는 장소를 옮겨서라도 수업을 계속한 것이 전례 역사이다. 보통 학생들은 비바람 눈보라를 뚫고, 질환도 참으면서 개근한 것을 성실성의 표상으로 삼아 온 게 우리 학교 문화였다. 그런데 이젠 어떤 공부보다 건강이 더 우선이라는 게 이번 코로나19가 불러온 일반적 의식의 변화이다. 그토록 악착같이 보내던 학교나 쉴 새 없이 매달리던 공부도 급박한 상황이면 그만둘 수도 있다는 걸 모두에게 보여 주고 일깨워 주었다. 그래서 학생이고 학부모고 감염을 막기 위한 개학 연기를 수긍하였고, 학교는 대체 방식인 온라인 수업 준비와 진행으로 숨 가쁘게 돌아가고 있다.

교육부가 제시한 온라인 수업 형태는 크게 '실시간 쌍방향 화상형, EBS 영상 콘텐츠 제시형, 교사 과제 제시형' 등 세 가지로 알려졌다. 교사들은 온라인 수업 조건이 충분히 갖춰지지 않은 상태에서 갑자기 들이닥친 이러한 수업 방식 변경 때문에 힘들어하고 있다. 사실 미래 사회에는 상당수 지식 수업이 원격이나 온-오프라인 혼합으로 진행되리라 예측은 하였다. 또한 그동안 EBS 강의나 거꾸로 수업 등 일부에서 디지털 도구를 이용한 온라인 강의가 진행되긴 하였다. 하지만 이처럼 급격하게 모든 교사들이 온라인 수업을 직접 제작하고 진행할 줄은 몰랐다. 이 또한 코로나19로 교육계가 맞아들인 강력한 충격이고 변화이다.

우리는 코로나 사태를 겪으면서 교육 방식과 공간에 대해 유연한 생각을 갖게 되었다. 교육에 대한 고정된 개념은 교실과 선생님을 떠올려 왔지만 이제는 언제 어디서나 원격 온라인 수업으로 대체될 수 있다는 것이다. 반면에 이번 경험을 통해 오히려 인터넷을 활용한 온라인 학습보다는 집단적인 상호 관계 속에서 진정한 교육이 이루어진다는 것도 절감하게 되었다. 다시 말해 교실 속에서 교사와 아이들의 만남 속에서 가장 좋은 학습이 이루어진다는 것이다.

미래교육에서는 학습 방법의 다양화와 아이들 스스로 공부하는 자기주도 학습이 필요하다. 따라서 앞으로는 부모가 때로 가정교사가 되어 교육과정을 편성하고 체험학습을 돌보아 주어야 할 것이다. 나아가 이제 아이들이 단순히 교과서 지식 위주에서 벗어나 세상과 삶에서 배우는 교육을 펼쳐야 하겠다. 이 또한 코로나19로 말미암아 깨우치고 얻은 교훈이다. 얼마 가지 않아 코로나는 끝나야 하고 지나갈 것이다. 그래서 모두 닫혔던 문을 다시 열고, 우리는 더욱 뜨거운 가슴으로 만나야 한다.

2020. 4. 9.

고양시가 덧입을
특례시에 부쳐

한 해를 마무리하는 세밑에 고양시 도시 발전의 전기가 될 반가운 소식이 이어졌다. 먼저 특례시와 관련된 내용을 담은 '지방자치법 전부개정안'이 12월 9일, 국회 본회의를 통과하였다. 이 개정 법률에 따라 고양을 비롯한 수원, 용인과 창원 등 인구 100만 이상의 4개 대도시는 특례시로 올라섰다. 1년 뒤인 2022년 1월이면 기초자치단체 지위는 유지하면서 행·재정적 권한이 기존보다 폭넓게 될 특례시가 출범된다. 그동안 고양시자치분권위원회 위원들과 특례시 지정을 위해 여러 활동을 해 왔던 터라 더욱 감회가 새롭다.

본디 특례시 요구는 도시가 커졌는데도 행정 처우는 오히려 떨어진 데서 비롯되었다. 알다시피 고양시 인구는 108만 명으로 울산광역시 114만 명에 버금간다. 이렇게 인구 규모는 광역시급으로 커졌는데도 몇만의 지방 소도시와 똑같은 자치제도와 재정구조를 적용해 왔다. 108만 대도시에 걸맞은 옷이 필요한데 현실은 작은 옷에 몸을 맞추라는 식이었다. 무엇보다 인구 규모가 커지면 그만큼 재정이 늘어나야 할 것이다. 그런데 비슷한 인구수에도 재정 규모는 광역시 절반도 미치지 못했다. 그만큼 상대적으로 시민들에게 행정 지원과 복지 혜택이 미흡했던 것이다. 따라서 특례시가 제대로 운영되려면 무엇보다 조세 구조 개편에 따른 재정 확대가 으뜸 과제가 될 것이다.

도시가 커질수록 자치행정 또한 복잡하고 대규모 집행 사업이 많아지게 된다. 하지만 현재 시군구 단체장의 권한과 행정은 그 규모와 상관없이 전국 모두 획일적이다. 적어도 특례시만큼은 광역자치단체인 도 단위와 행정이 분리되지는 않더라도 위임사무는 독자적인 권한을 부여해야 할 것이다. 상당 부분의 위임 사무는 도가 아닌 중앙정부와 직접 상대하고, 재정 및 인사권에서 일반 시보다 좀 더 재량권을 가져야 마땅하다. 대표적으로 도시 기본계획 수립이나 주택 건설, 도시 재개발과 같은 중장기적인 도시 발전과 관련된 영역에서 자치권이 확대되어야 한다.

고양시 등 4개 대도시는 특례시 입법을 통해 자치분권을 실현하여 도시 발전을 기대하고 있다. 하지만 안타깝게도 이번 지방자치법 전부개정안에 포함된 특례시 관련 내용은 그 수준에 못 미치고 있다. 현재까지는 특례시라는 명칭이 법 구절에 명시된 것 외에는 구체적인 사항이 빈약하다. 거기다가 지방자치법 개정안에 "특례시 지정에 따른 다른 자치단체의 재정과 시·도 사무 권한을 침해해서는 안 된다"라는 단서 조항까지 붙여 두었다. 4개 시를 제외한 다른 시군의 문제 제기와 반발을 잠재우기 위해 타협을 하려다 보니 그랬을 것이다. 하지만 국가적인 과제인 국토 균형 발전이나 지방도시 소멸 위기가 급박한 상황에서 첫술에 배부르기는 어려운 법이다. 우선 고양 특례시라는 발걸음을 뗀 것만 해도 의미가 크다.

앞으로 특례시가 시행되려면 1년여 동안 대통령 시행령을 제정해야 하는 시간과 절차가 남아 있다. 특례시 법률이 기대만큼 충족되지 않았다 해도 그 한계 안에서 충실하게 내용을 준비하고 문제를 풀어 가야 하는 것이다. 특례시가 허울만이 아닌 실질적으로 도시 균형 성장과 자치분권을 실현할 수 있도록 시행령을 제정해야 한다. 그러기 위해서는 시와 민간의 협치기구를 발족하여 특례시의 실질적인 자치권을 확보할 방안을 찾아 시민들의 의사 결집을 이루어내야 할 것이다. 사업 추진 과정도 4개 대상 도시가 연대해야 효과적이며 다른 시군의 반발을 줄이려는 노력도 뒤따라야겠다.

특례시에 이어 또 다른 겹경사 소식은 '미래교육지구' 지정이다. 고양시는 지난 연말에 교육부가 주관한 '2021 미래형 교육자치 협력지구 사업'에서 '신규 지구'로 선정되었다. 지난해부터 시작한 교육부의 미래교육지구 사업은 지자체·교육청이 공동협력센터를 구축해 지역 특성에 맞는 프로그램 개발 등 학교 혁신을 지원하는 사업이다. 지난해 선정된 10개 지구를 포함해 내년에는 전국에서 총 22개 지구 규모가 운영된다. 아이들이 행복하게 자라는 도시라야 희망과 미래가 있고 그 일은 바로 교육에서 시작된다. 그런 면에서 고양시가 교육 협력 사업을 선도적으로 펼쳐 교육도시로 자리 잡은 시흥시, 오산시, 화성시와 나란히 지정되었다는 점에서도 그 의미가 크다.

새해가 밝아 오면 사람들은 새로운 소망을 품고 손 모아 기도한다. 2021년도 고양시는 어떤 꿈을 꾸며 새해를 맞이할까. 바라기는 새롭게 덧입는 고양 특례시가 시민들 삶의 질을 높이는 복지 실현과 시민 중심 자치분권 도시로 도약하는 발판이 되었으면 한다. 나아가 내실 있는 미래교육지구 사업으로 아이들 키우고 가르치기 좋은 도시, 그래서 사람들이 찾아들고 오래 살고 싶은 고양시로 활짝 비상하기를 기원한다.

2021. 1. 1.

아이들이
행복하게 살아갈
아동친화도시

어린이날을 앞둔 며칠 전이었다. "5·18 어린이 희생자 41년 만에 '얼굴' 찾다"라는 기사 제목이 눈길을 붙잡았다. 5·18 민주화운동 당시 계엄군 총탄에 목숨을 잃은 '얼굴 없는 희생자' 전재수(11세) 군의 사진이 41년 만에 발견됐다는 소식이다. 대표적인 5·18 어린이 희생자로 꼽히는 전 군은 생전 사진을 찾지 못해 그동안 묘비와 유안봉안소에 무궁화 사진을 대신 걸어 두고 있었다.

전 군이 뒤늦게라도 본인 사진을 걸게 된 건 다행이지만 유달리 가슴이 아픈 이유는 다른 데 있다. 왜 계엄군들이 이렇게 어린아이에게까지 총을 난사해 숨지게 했나 하는 분통 때문이다. 5·18 광주 항쟁 〈오월의 노래〉 가운데 "왜 쏘았지, 왜 찔렀지. 트럭에 싣고 어디 갔지." 하는 대목이 있다. 이처럼 아직까지도 누가 왜 전 군을 쐈는지와 발포 명령자를 밝혀내지 않고 있다. 전두환 군부의 지시를 받은 11공수여단이 민간인에게 마구잡이 사격을 한 것으로 추정할 뿐이다.

힘없고 약한 어린아이들이 제대로 삶도 피워 보지 못하고 목숨이 꺼져 나가는 아픔은 곳곳에서 일어나고 있다. 아프가니스탄과 이란에서는 로켓포탄에 어린이들이 허리가 잘리고 내장이 터져 숨져 갔다. 최근에는 미얀마 군부 쿠데타로 아무 죄 없는 어린이들이 군인들 총격에 희생되기도 했다. 아프리카 내전 지역에서도 총격으로 아이들 비명 소리가 끊이지 않고 있다. 어디 전쟁뿐인가. 끝없는 굶주림과 질병으로 스러져 가는 아이들은 또 얼마나 많은가. 오늘도 텔레비전 광고 영상에는 뼈다귀가 앙상하고 배가 불뚝한 아이들의 동정팔이가 계속되고 있다.

그럼 전쟁이나 빈곤으로 희생되거나 굶주리지 않는 우리네 아이들은 마냥 행복하게 살고 있는 걸까. 선뜻 고개가 끄덕여지지 않는다. 우리 사회 속내를 깊이 들여다보면 현실의 어둡기는 매한가지이기 때문이다. 무엇보다 아이들은 어른의 욕망덩어리를 대신 채워주는 대리인 역할에 끊임없이 내몰리고 있다. 우리나라 아이들은 공부하는 이유도 제대로 모르는 채 부모가 강요하는 학업 중노동에 시달리고 있다. 세계에서 가장 적게 밤잠을 자면서 가장 많은 시간을 들여 시험문제 공부를 하느라 씨름하고 있다.

더구나 최근에는 아이들을 마구 학대하는 부모들이 늘어나고 있다. 태어난 지 16개월 된 아이가 양부모에게 학대받아 숨진 '정인이 사건', 10살 조카를 학대해 숨지게 한 혐의로 기소된 30대 '이모 부부 사건', 두 달 된 갓난아기가 숨지자 냉장고에 2년 동안 보관한

‘비둘기맘 사건’ 등은 비정하기 이를 데 없다. 아동학대가 쉽사리 알려지는지라 숨겨진 아동학대가 얼마나 많을지 생각하면 아찔하다. 더욱이 문제가 불거지더라도 그저 사건 처리하고 가해자 처벌하는 데서 급급하니 유사한 사건이 되풀이되고 있다.

아이들이 이런 비참한 처지를 신랄하게 고발하는 영화가 있다. 칸영화제에서 화제를 모은 영화 〈가버나움〉에서는 칼로 사람을 찌르고 교도소에 갇힌 12살 소년 자인이 부모를 상대로 소송을 제기한다. 신분증도 없고, 출생증명서도 없어서 언제 태어났는지도 모르는 자인이다. 법정에 선 자인에게 왜 부모를 상대로 소송을 제기하는지 판사가 묻자 확고하게 대답한다. "태어나게 했으니까요. 이 끔찍한 세상에 태어나게 한 게 그들이니까요."

어린이는 어른의 소유물이나 부속품이 아니다. 한 인간으로서 천부적 권리를 갖고 태어난 독립된 인격체이다. 그러기에 행복하게 살아갈 권리가 있고 아이를 낳은 부모는 그 책임을 다해야 하는 것이 마땅하다. 하지만 우리 사회는 부모의 능력과 경제적 격차가 심해서 개인에게만 그 책임을 맡길 수 없다. 국가가 그 차이와 틈을 메꿔 줘야 한다. 모든 아이들이 차별받지 않고 행복하게 살아갈 마을과 도시를 만들어 줄 책임이 정부와 자치단체에 있는 것이다. 아이들이 안전하고 편리하게 살기 좋은 도시를 만들기 위한 대표적인 정책사업이 바로 '아동친화도시'이다.

유니세프의 아동친화도시는 1996년 제2차 유엔인간정주회의(UN HabitatⅡ) 결의에서 시작되었다. 도시가 모두에게 살기 좋은 곳으로 거듭나야 한다고 결의하고, "아동의 안녕이야말로 건강한 도시, 민주적 사회, 굿 거버넌스 평가 지표"임을 선언하였다. 유니세프는 각 국의 중앙정부와 협력해 아동이 살기 좋은 도시를 만드는 유니세프 아동친화도시 사업을 펼쳐 나가고 있다. 우리나라에서는 111곳 시군이 아동친화도시를 추진하고 있으며 52곳 시군이 인증을 받았다. 올해는 99번째 어린이날을 맞았고 내년이면 어린이날이 생긴 지 100년이 된다. 그 100주년에는 온 나라가 아이들의 행복한 삶과 꿈을 실현할 아동친화도시가 되길 바란다.

2021. 5. 4.

결혼을 앞둔
아들에게

사랑하는 아들아, 결혼을 한 달여 앞두고 이런 편지를 보내게 될 줄은 미처 몰랐구나. 처음 혼인할 예비 신부를 데려왔을 때만 해도 그저 기쁜 마음만 앞섰지. 그런데 차츰 시간이 지나고 막상 결혼 날짜가 눈앞에 다가오니 다르구나. 지난날 못해 준 일만 생각나고 들려주고 싶은 말들은 왜 이렇게 많은지 모르겠다. 그런 마음을 모아 진심 다해 편지 한 장 쓰려고 한다. 다른 이들이 읽는다면 세상의 보통 아버지들이 혼인길에 들어서는 아들에게 쓰는 회한의 연서가 될 수도 있겠구나.

아들을 키우면서 후회되는 일이 있다. 다름 아니라 어린 시절에 곁에서 자주 돌보아 주고 놀아 주지 못한 것이 마음에 걸리곤 한단다. 핑계라면 핑계겠지만 네가 어렸을 때는 살기가 어렵고 시대도 격동기라서 자식 돌보기보다 바깥일에 더 치중한 것 같다. 네가 첫돌을 맞을 때만 해도 그랬다. 가장 기쁜 날인데도 아버지가 전교조 활동으로 직위해제 되는 바람에 양쪽 집안 할머니들은 울음바다가 되었단다. 그뿐 아니라 휴일이면 민주화운동을 한다고 집회에 나가거나 사람 만나느라고 놀이공원 한번 제대로 못 다녔지. 지금 돌이켜 보면 가슴 아프지만 그때는 우리 사회 잘되는 일이 우선이라는 의식이 강했거든.

아들이 어렸을 때 몇 장면도 떠오른다. 너는 키가 작았지만 건강하게 자란 편이라서 다소 부산스러울 정도로 움직임이 많았지. 시골 고향집에 내려갈 때면 할아버지 손을 잡고 둥개둥개 장단에 맞춰 몇 시간이고 다리춤을 추곤 했어. 또 잠시도 가만있지 않고 안방 건넌방으로 뛰어다녀서 다리 부러질까 봐 걱정도 했지. 네 살쯤에는 마을길에서 놀다가 없어져서 이름을 불러 대며 온 골목과 시장까지 찾아 헤매는데 가슴이 바짝 타들어 가는 것 같았다. 자식을 키우면서 애타는 부모 심정을 알고 비로소 어른이 되어 간다는 걸 느꼈지. 그래도 너는 친구들과 싸워서 우는 일 없이 주엽동 홍길동이라는 별명처럼 자유로우면서도 활기차게 자라 주었지.

그렇게 초등학교 과정을 마치고 흔히 말하는 사춘기가 되었을 때는 어려운 고비도 있었구나. 중학생이 되자 유달리 반항심이 커지고 자기 고집대로 행동하려 해서 마찰이 생기곤 했지. 언젠가는 말대꾸를 하다가 심하게 꾸지람을 듣고 집 밖으로 내쫓기기도 했어. 눈발이 내리던 날 울면서 나가는 너를 따라다니다가 다시 데려오길 잘했지 싶다. 그때 나가서 영영 돌아오지 않기라도 했으면 어쩔 뻔했니. 그렇게 부자 사이에 부딪치고 깨지면서 네가 고등학생이 될 즈음 아버지는 확고하게 생각을 바꾸었다. 아들이 독립적인 인격체임을 인정하고 마음을 비우고 바라보는 태도를 갖게 되었지. 한결 마음이 홀가분해지고 편안해지면서 너는 너대로 주체적으로 살아가게 되더구나.

고등학생이 되어서는 인생의 기로가 되는 중요한 결정이 있었지. 다가올 미래에 무엇을 하면서 어떻게 살 것인지 하는 진로 문제였단다. 그때 너는 실용음악을 전공해 노래를 하겠다고 했지만 참 고민이 많았어. 과연 노래로 밥을 먹고살 만큼 소질이 있는가, 그리고 삶의 전망이 있는가 하는 걱정이었지. 세상을 좀 더 살아 본 나로서는 그 길이 아무래도 어렵다는 걸 알기에 어떻게든 말리고 싶었어. 하지만 너는 한번 정한 생각을 굽히지 않았고 며칠 씨름 끝에 결국 음악으로 진로를 선택하게 되었지.

실용음악으로 진로를 정한 뒤 대학에 떨어져 재수까지 하는 위기도 있었지만 자신이 선택한 책임을 다하기 위해 노력하던 모습은 대견했어. 그 강한 의지로 마침내 대학 공부를 마치고 군대도 연예병사로 다녀오면서 대중음악인으로 성장하게 되었지. 그래서 보컬 전공자에서 싱어송라이터로 음반을 내고, 이제는 아예 작곡, 편곡자 직업인이 되었구나. 나는 아들이 음악을 해 오는 과정에서 늘 믿음을 갖고 응원했단다. 그것은 갑자기 반짝스타가 되거나 뜨지 않더라도 꾸준히 조금씩이라도 달라지고 나아지는 모습이 좋았기 때문이야. 그런 태도와 열정이 앞으로도 인생길을 당당하게 걸어가는 원천이 되리라고 믿는다.

이제 결혼을 앞둔 아들에게 마지막 잔소리를 하며 마쳐야겠구나. 러시아 속담에 "싸움터 나갈 때는 한 번, 바다에 나갈 때는 두 번, 결혼할 때는 세 번 기도하라"는 말이 있어. 그만큼 혼인은 인생을 좌우할 만큼 중요한 대사라는 것이지. 지금까지 혼자 인생을 살아왔다면 앞으로는 두 사람이 손 맞잡고 살아가게 되는 것이야. 그러니 더욱더 자신을 성찰하면서 상대의 마음을 알고 이해하는 마음을 너른 바다처럼 키워야겠지. 더 나아가 세상에 대해 늘 예민한 감각을 갖고 아프고 약한 이들에게 힘을 주는 음악인의 길을 뚜벅뚜벅 걸어가길 빈다.

2020. 6. 5.

자연마을에 사는
밝음과 어두움

　"지금 어디서 사세요?" 이렇게 물으면 예전에 아파트 살 적에는 간단했다. "일산 신도시요." 이 한마디면 됐다. 그런데 자연마을로 이사 온 뒤부터는 사는 곳을 물으면 설명이 길어진다. "경의선 곡산역 아세요? 곡산역 뒤에 내곡동이라는 마을이 있는데 거기 살아요." 곡산역을 모르면 다시 대곡역이나 대곡초를 들먹여야 가까스로 알아듣기도 한다. 이처럼 한참 설명해야 하는 덕양구 내곡동 자연마을에 들어와 살게 된 지도 어언 5년이 되어 간다.

　사시사철 자연을 누리는 것 말고 인공적인 면에서는 여러 가지가 불편한 마을인데도 마음 붙여 사는 까닭은 뭘까. 무엇보다 사람들끼리 어우러져 사는 공동체의 정과 맛 때문이 아닐까 싶다. 우리 마을은 7~8년 전부터 이사 온 학부모들 중심으로 '영주산마을 공동체'를 꾸려 운영하고 있다. 스스로 뜻을 모아 공동체를 만들어 활동하고 공동 공간인 마을다락방도 열어 활용한다. 여기에 필요한 비용은 출자금과 회비를 내어 충당한다. 그 공동체 속에서 더불어 사는 행복과 풍요로움이 꽤 진하고 깊다.

마을공동체 공간인 '영주산다락방'은 농가주택을 빌려 꾸민 곳인데 마을 사람들 사랑방 구실을 한다. 이곳에서 마을 어른과 아이들이 서로 만나서 모임과 취미 활동을 한다. 전체 회원들이 모여 공동체 일을 민주적으로 의논하는가 하면 교육 강연과 문화강좌를 열어 교양을 높이기도 한다. 마을 아버지들은 주마다 모여 남도민요를 배우고 막걸리를 나눠 마시기도 한다. 영주산다락방은 마을공동체 삶과 가치가 무르익고 돈독해지는 매우 중요한 근거지가 되고 있다.

더구나 올해부터는 이 공동체 공간에서 마을돌봄을 시작하였다. 학교 돌봄교실에 들어가지 못한 초등 3학년 아이들이 마을돌봄에 보금자리를 틀었다. 학교 공부가 끝난 뒤 모여드는 아이들은 함께 책을 읽고, 영어 공부를 하고, 음식을 만들어 먹고, 마당에서 놀이도 한다. 돌봄 선생님은 마을 어른들 몇 사람이 자원봉사 형태로 맡고 있다. 그야말로 마을이 아이들을 키우고 마을 속에서 아이들이 자라난다.

몇 달 전에는 영주산다락방 옆에 마을 탁구장도 생겼다. 마을공동체 회원들이 마을 창고를 임대해 탁구장을 꾸민 것이다. 우리 손으로 직접 바닥과 벽면을 나무판으로 깔고 탁구대 4대를 구입해 놓으니 도시의 웬만한 탁구장에 대도 손색없다. 그 뒤 회비를 걷어 탁구를 배우고 치면서 건강을 지키는 마을의 훌륭한 운동 시설이 되었다. 저녁이면 불 밝힌 탁구장에 어른과 어린이들이 들어차 운동하는 모습은 보기만 해도 뿌듯하기 그지없다.

이렇게 마을공동체가 운영되는 밝은 면만 보면 마을 속 삶이 행복하고 이상적이다 생각할 수 있다. 하지만 그 속내에 복지행정에서 소외된 자연마을의 불편하고 열악한 환경을 이겨 나가려는 행동임을 놓쳐서는 안 된다. 그동안 영주산마을공동체가 형성되고 운영되기까지는 그만큼 남모르는 힘든 과정과 노력이 따랐기에 가능한 일이었다. 한편으로 마을공동체 지원과 주민 복지를 책임져야 할 고양시 자치단체가 무엇을 했는가 돌이켜 보면 답답하지 않을 수 없다. 얼마 전에는 주민들 요청으로 고양시장이 마을을 찾아오고 시의원도 다녀갔지만 여태까지 마을공동체가 어떤 지원을 받았다는 말을 듣지 못했다.

여전히 우리 마을은 먼지 뿜어내는 도로에 물청소차 한번 다녀간 적이 없고, 골목마다 흐트러진 쓰레기더미도 제대로 치워지지 않고 있다. 곡산역 가는 도로는 인도도 없이 차량이 빈번하여 사망 사고까지 일어났는데도 해결이 안 된다. 마을회관은 기존 마을 어른들이 차지하고 젊은 부모들과 청소년들은 여가를 즐길 공간이 전혀 없는데도 뾰족한 대책이 없다. 언제까지 우리 마을 주민들은 세금으로 낸 국가 복지 혜택은 제대로 못 받고 스스로 재정 부담을 해 가면서 마을살이를 꾸려 가야 하는가. 지금 우리가 자연마을 속에서 살면서 마주하고 있는 밝음과 어두움이다.

2019. 5. 10.

마을에서
사람과 세상이
보인다

　지난해에 20년간 줄곧 살던 일산 신도시 아파트에서 벗어나 예전부터 있던 자연마을로 이사 왔다. 이곳 내곡동에서 지내다 보니 무엇보다 자연스레 생겨난 자연이 있어 좋다. 마을을 병풍처럼 두른 영주산, 그 아래 펼쳐진 논과 밭, 구부러진 골목길들이 생긴 그대로 편안하다. 사시사철 논에 벼가 자라고 밭에서 푸른 채소가 커가는 걸 보면서 계절의 바뀜과 세월의 흐름을 맛본다.

　자연마을에서 사는 즐거움이 자연에만 있는 게 아니다. 마을 사람들과 이웃처럼 어우러져 지내는 맛이 더 달콤하다. 우리 마을 사람들은 일찍이 출자금을 모아 영주산마을협동조합이라는 공동체를 만들어 독립된 집을 한 채 빌렸다. '영주산다락방'이라고 이름 붙인 집 한쪽의 '두근두근 도서관'에서는 아이들이 옹기종기 모여 책을 읽는다. 이 공동체 공간에서 뜻 맞는 어른들끼리는 악기나 붓글씨 배우면서 문화 활동을 한다. 어머니들은 뜨개질을 하거나 때

때로 음식을 만들어 먹고 바자회를 열기도 한다.

다락방에서 나는 지난 1년 전부터 마을 아버지들과 기타를 배우는 "7번줄 모임"을 가져왔다. 주마다 월요일 밤에 7명의 아버지들이랑 모여 기타를 치고 노래를 부른다. 기타 치는 사이사이 살아가는 이야기도 주고받고 직장의 애환을 나누기도 한다. 기타가 끝나면 곧바로 집에 들어가는 일이 드물다. 허름한 비닐하우스 포장마차에 들러 막걸리를 마시면서 뒤풀이를 하곤 한다. 그때마다 아이들 키우는 교육 이야기를 털어놓다가 세상 걱정 다 짊어지고 가슴을 치기도 했지. 얼근해져서 집으로 돌아가는 길에 보는 휘영청 밝은 달은 어디에 댈 수 없으리만치 아름다웠다.

지난 1년 동안 추억 어린 7번줄 기타 모임도 이번 달이면 끝을 맺는다. 하지만 오랜 시간 어우러져 배우면서 정을 쌓다 보니 서로 헤어지기가 못내 섭섭했다. 그 마음이 통했는지 마을에서 텃밭을 공동으로 지어 보자는 제안에 모두가 흔쾌하게 뜻을 모았다. 곧바로 1,000제곱미터 넓이의 밭을 빌려 이번 겨울부터 마늘과 양파 농사를 시작하였다. 함께 땀 흘려 밭을 가꾸면서 우리는 또 다른 작당을 했다. 기타 배우기를 끝내면 우리 민요 배우기 도전에 나서기로 했다. 마을에 살면서 비로소 제대로 세상이 보이고 사람이 보인다.

2015. 12. 3.

봄꽃 피어나는
새봄에

새봄이 오고 있습니다. 살아가는 둘레의 산과 들에서 봄기운을 느낍니다. 지난주에는 파주 심학산 둘레길을 걷는데 겨우내 땡땡 얼었던 산길이 녹아 질펀했습니다. 노을전망대 내리막길 산등성이에는 생강나무가 꽃망울을 톡 터뜨려 노랗게 피어났습니다. 엊그제 찾은 연천의 개미산에는 봄꽃들이 앞다투어 피고 졌습니다.

개미산 산기슭에 들어서니 둥근털제비꽃이 반기는데 너도바람꽃은 벌써 꽃잎이 지고 있습니다. 왜현호색, 꿩의바람꽃, 노루귀꽃 무리들이 쏘옥 얼굴을 내밀었습니다. 누렇게 마른 낙엽들 사이에서 아기 손톱처럼 피어난 꽃들이 깜찍하게 예쁩니다. 계곡길에는 뿔나비가 파르르 날아다니고 굴뚝새, 박새, 오목눈이, 노랑지빠귀 같은 새들이 맑은 소리로 우짖습니다. 산개구리는 검은색 개구리알들을 한 무더기 낳아 놓고 물속에 얌전히 들어앉아 있었습니다.

자연은 이처럼 어김없이 새로운 계절을 준비하고 깨우고 있습니다. 지난겨울 찬바람 속에서도 생명은 살아서 꽃을 피우고 몸짓을 시작한 것입니다. 새봄의 자연이 그저 피어나지 않듯 우리 둘레에도 행복한 공동체를 꽃피우기 위해 씨앗을 뿌리고 가꾸는 사람들이 있습니다. 고양시 지역에서도 지난겨울부터 서로 소통하고 연대하면서 평화로운 세상을 준비하는 활동이 꾸준히 이루어지고 있습니다.

시간은 흐르고 바뀌어 새봄이 왔지만 지난 봄날에 입은 상처는 아직도 아물지 않고 있습니다. 2011년 3월, 봄이 오는 길목에 일본의 후쿠시마에서는 핵발전소 방사능 유출 사건으로 수많은 생명이 희생되어 온 세상을 놀라게 했습니다. 벚꽃이 화사하게 만발한 4월 16일에는 세월호 참사로 꽃 같은 우리 아이들이 찬 바닷속으로 가라앉았습니다.

그 가슴 찢어지는 아픔과 슬픔을 되풀이하지 않으려고 깨어 있는 시민들이 모이고 나서고 있습니다. 방사능안전고양네트워크는 지난해부터 어린이와 청소년들의 급식에 사용하는 식자재의 안전성을 지키기 위해 부지런히 움직입니다. 고양시의 학교와 어린이집, 유치원에 공급되는 식재료의 방사능 수치를 측정하여 안전한 식재료가 공급되도록 하는 방사능물질 차단 조례 제정 운동을 펼쳐 나가고 있습니다. 이 조례는 고양시 주민 100분의 1 이상의 서명으로 조례를 직접 청구한다니 각성된 시민들의 참여가 필요합니다.

시민들 스스로 나서서 모임을 결성하여 4·16 세월호 참사의 진실을 규명하고 안전한 나라를 만들어 가는 활동도 줄기차게 이어지

고 있습니다. 참사 이후 지난 1년여간 화정역과 일산문화광장에서
세월호 진상규명 서명을 받는 모습은 가히 감동이었습니다. 함께
기억하고 다짐하기 위해 시민 수백 명이 참여한 유가족 토크쇼를
열고, 다큐 영화를 상영하고, 세월호 기록물 출판 북 콘서트도 열
었습니다. 세월호 참사 1주기 기간에는 거리 곳곳에 416개 노란 현
수막 걸기, 시민 도보 대행진, 청소년 문화 공연, 추모 음악제 등을
개최하는데 힘 닿는 대로 함께해야겠습니다.

　새봄에 우리 지역에서 반가운 소식은 자라나는 아이들에게 농사
를 일러 주는 움직임을 시작했다는 것입니다. 아이들 손으로 직접
땅을 일궈서 채소를 길러 먹어 보도록 하는 텃밭 가꾸기 사업입니
다. 뜻있는 도시농업단체에서 올해부터 '청소년 농부학교', '어린 농
부학교' 같은 프로그램을 만들어 본격 진행하고 있다니 기대가 큽
니다. 흙을 만지고 일하면서 노동의 가치와 자연의 소중함을 깨우
치는 만큼 값진 배움이 얼마나 더 있겠습니까? 아름다운 세상 만
들기에 참여하고 실천하는 당신이 바로 봄꽃입니다.

2015. 4. 1.

여름날에
만난
아름다운 사람

　7월이 왔다. 나무들 잎사귀가 짙푸르러 간다. 계절이 바뀌어 가는데도 코로나19는 1년이 넘도록 여전히 기세를 부리고 사람들은 여유가 없어진 듯하다. 불평등한 경쟁에 지친 시민들은 능력주의로 미혹하는 세태에 더 지친다. 이렇게 마음잡기 산란할 때일수록 청량감 있는 사람이 그리워진다. 번지르르한 말이 아닌 참된 삶으로 본보기가 되는 사람을 만나고 싶다. 그런 목마름이 간절한 여름날에 만난 아름다운 두 사람 이야기이다.

　봄비 온 뒤 맑게 갠 참이라서 바람도 살랑 불고 상쾌한 토요일 오후였다. 부안 변산공동체에서 농사지으며 사는 농부철학자 윤구병 선생님과 만날 시간이다. 윤 선생님은 내 마음속에 인생의 스승으로 받드는 분이다. 내가 26살 때쯤 이오덕 선생님이 이끌던 글쓰기교육연구회에서 처음 인연을 맺고 30여 년이 되었다. 보통 한 해에 두서너 차례 강의나 문화 활동 자리에서 가끔 뵈었는데, 요즘은

윤달모임에서 정기적으로 만나고 있다. 윤달모임은 "윤구병과 달마다 모임"의 준말로 세상사와 우리말 공부를 함께 하려고 만들었다. 그런데 코로나19 때문에 몇 달째 거르다가 지난 6월 중순에야 다시 모임을 갖게 되었다.

파주의 한적한 주택에서 먼저 온 선생님들이 책상에 빙 둘러 공부를 시작하였다. 달마다 미리 해 오는 숙제가 있는데 이번 달에는 윤구병 선생님이 집필 중인 《우리말 백 마디 멋대로 사전》 살핀 의견을 말하는 것이다. 이 사전 초고에는 "1. 것, 2. 하다, 3. 있다, 4. 되다"부터 연이어 "97. 땅, 98. 짓다, 99. 품, 100. 싱글벙글"까지 100가지의 우리말을 윤 선생님이 생각하는 대로 풀이해 놓았다. 낱말마다 뜻풀이를 여러 가지 쓰임새로 적어 놓고 보기까지 들어서 우리말을 바로 알고 쓰도록 해 놓았다.

나이가 팔순에 이른 윤 선생님이 산속 흙집에서 한 글자 한 글자 우리말 풀이를 해 온 정성에 감동이 일어난다. 예쁜 우리말 사전을 내고 싶다는 웹사전 기획자를 만났는데 그 뜻이 좋아서 직접 써 보기로 작정했다고 한다. 그 뒤 스무 날 정도 걸려 백 마디 사전을 집필했다니 평소 우리말에 대한 애정과 실력이 어느 정도인지 짐작이 간다. 선생님은 늘 저승 갈 날이 가까워서 미련 없다 말하면서도 이렇게 부지런히 애써 우리말을 살려 주고 있다. 변산공동체에서는 땀 흘려 일하며 나누는 삶을 몸소 보여 주고 있다. 윤 선생님이 이렇게 돕고 나누며 살아가는 길을 닦아 놓기에 우리 같은 후배들이 그 길 따라 걸어가는 것이다.

또 다른 세상 곳곳에도 자기 자리에서 소리 없이 소중한 일을 하는 사람들이 있다. 영화롭거나 돈이 되지 않더라도 약자들에게 필요하고 값진 일을 해서 주위를 밝힌다. 최근에 알게 된 왕진의사 양창모 님도 그런 분이겠다. 그이가 소양댐 수몰지구 농촌을 돌며 왕진하는 이야기를 담은 책《아픔이 마중하는 세계에서》를 읽고 진한 감동을 받았다. 그래서 우리 세탐 인문학 모임에 초대해 강연까지 듣게 되었다. 그는 진료실 안에서 의사를 할 때는 환자가 오면 질환을 갖고 있는 존재로만 바라보았단다. 그저 어떤 병을 앓고 있는 환자인가가 중요할 뿐 어떤 사람이고 어떻게 살고 있는지는 관심 밖이었다고 한다.

그러던 차에 진료실 의사를 그만두고 의료생협 왕진의사를 하면서 사람을 대하는 마음가짐과 느낌이 달라졌다고 한다. 주로 강원도 산골 마을 노인들 집을 찾아 왕진을 하면서 삶의 맥락을 보고 알게 되었다. 그래서 단순히 질병만 진단하는 게 아니라 거주하는 환경과 삶 속에서 질병의 원인을 알고 근본적인 처방을 내리게 된 것이다. 그가 진료를 다니면서 보고 겪은 시골 노인들이 사는 형편과 의료 체계의 현실은 안타까움 그 자체였다. 어떤 할아버지는 큰 병원에서 진료받으려면 오가는 데 몇 번씩 차를 갈아타야 해서 꼬박 하루가 걸린다고 한다. 심하게 골다공증을 앓고 있는 할머니는 뼈가 부서지는 걸 무릅쓰고 몇 번씩 휠체어를 옮겨 타면서 병원에 가기도 한다. 이렇게 방문 의료가 절실한 상황인데도 우리나라 왕진의사 비율은 0.1%에도 못 미치는 게 현실이라고 한다.

그는 강연 끝 무렵에 한국 사람들이 사는 모습은 각기 다를지라도 죽음은 다 똑같다고 말했다. 대부분 나이 들고 병이 나면 병원이나 요양병원에서 죽음을 맞이한다는 것이다. 의료기관에서 사망하는 비율이 네덜란드 29.1%, 스웨덴 42%인 데 비해 한국은 76.2%로 대부분 병원에서 숨을 거둔다고 한다. 결국 방문 진료가 제도적으로 정착되어야만 집에서 병을 앓고 죽을 수 있는 선택을 할 수 있다는 것이다. 지금 우리나라는 왕진 의료수가가 낮아서 왕진의사제도가 자리 잡기 어렵다. 하지만 양창모 같은 의사들이 비록 개인적인 벌이가 덜하더라도 방문 의료의 길을 뚜벅뚜벅 걸어가고 있기에 희망이 있다. 지치고 주저앉기 쉬운 여름날이다. 아름다운 사람들이 보내 준 향기로 다시 힘을 내야겠다.

2021. 7. 1.

아름다운
나눔

하루를 지내면서 때때로 습관처럼 들여다보는 것이 있다. 바로 휴대폰의 페이스북이다. 자주 만나지 못하는 사람들과 사는 이야기를 알리고 듣는 온라인 공간이다. 그 페이스북 창업자인 마크 저커버그와 프리실라 챈 부부가 지난해 말에 우리에게 훈훈한 감동을 주어서 화제가 되었다. 자신의 딸이 태어난 기념으로 페이스북 지분 99%를 기부하겠다고 약속했기 때문이다. 기부액이 자그마치 450억 달러, 한국 돈으로 치면 52조 원가량이라고 한다.

마크 저커버그 부부는 세상에 나온 딸 맥스에게 돈보다 귀한 크나큰 사랑의 정신을 물려주었다. 기부의 이유를 담은 편지를 보내 "너를 사랑하기 때문만이 아니라, 다음 세대의 모든 아이들에게 도덕적인 책임감을 갖고 있기 때문"이라고 했다. 미국의 다섯 손가락 순위에 꼽히는 부자들의 기부행렬은 이 밖에도 더 있다. 빌 게이츠 전 마이크로소프트 회장은 이미 세 자녀에게 1,000만 달러씩만 주고 나머지 재산을 자선사업에 기부하겠다고 밝혔다. 세계적인 투자자인 워런 버핏도 재산의 99%를 내놓겠다고 선언하였다.

문제는 이처럼 자신의 재산을 사회에 환원하는 다른 나라 재벌들을 그저 부러운 눈으로 바라보고 감탄만 할 것인가이다. 참으로 안타깝게도 아직까지 우리나라 재벌들은 돈을 벌어들이는 데는 뛰어나지만 돈을 쓰는 일에는 사회적 책임의식이 낮은 듯하다. 우리가 아는 큰 부자들이 살아 있을 때나 세상을 떠난 뒤에 가난하고 어려운 사람들과 공익을 위해 재산을 기부했다는 소식을 들은 적이 거의 없다. 오히려 자식들에게 자산을 물려주기 위해 갖은 편법을 써서 지탄받는 모습이 더 익숙하니 어쩌겠는가.

우리나라에서는 재벌들이 아닌 서민들이 어렵게 한 푼 두 푼 평생 모은 돈을 후세를 위해 내놓는 일이 종종 있다. 역 앞 지하도에서 김밥을 팔고 시장골목에서 떡볶이를 팔던 할머니들이 못 배운 게 한이라며 대학생들에게 장학금을 내놓는다. 길거리에서 폐지를 팔아 사는 할아버지가 어려운 사람들을 위해 달마다 돈을 내고 국밥집 하던 피난민 할머니가 자신의 재산을 사회에 기부하며 세상을 하직한다. 가난했던 이들이 가난한 이들을 돕겠다고 평생 못 먹고 못 입고 모은 피 같은 돈을 주고 가는 눈물겨운 물림이다.

2016. 1. 15.

촛불시민혁명을
완성하는
민주 역사를

2016년 12월 9일, 대통령 박근혜가 급기야 탄핵되었다. 이미 국민들이 마음속에서 버린 대통령이지만 공식으로 파면시킨 것이다. 절차적인 탄핵 의결은 국회가 했고 최종 판정은 헌법재판소가 하겠지만 국민의 힘으로 이끌어 낸 심판이다.

박근혜의 국정농단이 알려지자 시민들은 50일 넘게 거리에서 항거하는 촛불을 들었다. 처음 2만 명으로 시작한 촛불 민심은 223만 명의 불길로 번져 갔다. 그 구호도 '박근혜 하야'에서 출발해 '박근혜 구속 수사'로 강렬해져 갔다. 시민들은 국가 주권자로서 농락당한 자존을 되찾기 위해 꾸준히 모이고 외치고 싸웠다. 그래서 비록 변명으로 일삼았지만 그 오만한 박근혜를 세 번이나 담화장에 세워 사과하게 했다. 오락가락 갈팡질팡하던 정치권을 박근혜 퇴진 행렬에 동참하게 하였고 탄핵 조처까지 내리게 하였다.

시민들은 광화문 광장에서만 촛불을 든 게 아니다. 부산, 광주,

전주, 대구 같은 지방 대도시와 저 강원도 횡성에서 전남 완도까지 작은 시군 지역에서도 박근혜 퇴진 촛불은 타올랐다. 자신들이 사는 지역에서도 촛불을 들자는 움직임은 때맞춰 고양시에서도 일어났다. 지난 11월 9일 화정역 광장에서 '박근혜 퇴진 고양운동본부'가 출범하면서 촛불문화제와 거리행진으로 불길이 붙었다.

그 뒤 매주 수요일마다 지역에서 촛불행진과 서명운동이 벌어졌다. 지난 12월 3일에는 일산 중앙로에서 박근혜 즉각 퇴진을 요구하는 거리대행진에 시민 800여 명이 동참하기도 하였다. 지금까지 고양운동본부에는 50개 시민단체(44개)와 야권 정당(6개)이 참여하고 있다. 이는 2010년 지방선거에서 고양무지개연대 활동 이후 6년여 만에 지역 시민사회단체와 정당 등이 모두 모여 박근혜 퇴진으로 힘을 합친 것이다.

이번에 국정 유린을 항의하는 촛불집회의 특징은 무엇보다 평범한 시민들이 스스로 나서고 모였다는 것이다. 촛불대회 현장에 나가 보면 시민단체 소속 회원들과 노동조합원들도 깃발 아래 모여 있지만 그보다는 친구들이나 직장 동료, 가족 등 일반 시민들이 큰 흐름을 이루었다. 개인 한 사람 한 사람의 실천과 행동이 집단의 위력으로 모아진 것이다. 박근혜 퇴진이라는 공동의 목표 아래 개인들이 새로운 민주공동체를 이루었다 할 수 있다. 이처럼 수백만 시민이 스스로 참여하면서 얻은 민주주의 경험과 인식은 앞으로 우리 사회를 건강하게 가꾸는 원천이 되리라 본다.

시민들의 힘으로 탄핵 의결을 내린 12월 9일, 가장 많이 나오고 다짐한 말은 무엇인가? 바로 박근혜 탄핵은 끝이 아니라 시작이라는 것이다. 그 말 속에는 헌재 결정이 내려지기까지 갈 길이 멀고 마음을 놓아서는 안 된다는 의미도 있다. 하지만 그보다 더 깊은 속뜻은 이제부터 본격으로 참된 세상과 민주주의를 완성해 가는 작업을 하자는 것이다.

먼저 박근혜와 그를 둘러싼 공범 세력의 악행과 부패를 청산해야 한다. 세월호 7시간 진상을 밝히고, 한일위안부 협상을 무효화하고, 국정역사교과서를 폐기하는 등 단기 과제를 해결해야 한다. 나아가 경제, 사회, 문화 전반의 근본적인 체제 개편을 진행해야 한다. 그래서 우리 사회의 날로 심화되는 차별과 불평등을 없애고 격차를 줄여야 한다. 돈과 권력을 많이 가질수록 크게 누리는 특권을 없애고 모두가 공정하고 평등한 세상이 될 수 있도록 제도와 법안을 마련해야 할 것이다.

이번 11월 시민촛불항쟁으로 해방 이후 진정한 민주주의를 완성할 수 있는 또 다른 기회를 잡았다.

지난 현대사 가운데 4·19혁명, 1987년 6월 항쟁에서 매듭짓지 못한 미완의 혁명을 되풀이해서는 안 된다. 지금부터 새로 시작하는 마음으로 일상에서 민주의 촛불을 다시 들어야 한다. 자신의 몸을 태워 세상을 밝히는 촛불 정신으로 우리 삶을 새롭게 바꾸고 민주 체제를 공고히 다지는 실천을 거듭해 나가야 한다. 그래서 민주주의 역사에서 2016년 11월 타오른 촛불이 시민촛불혁명을 숭고하게 완성했다고 기록할 수 있어야 한다. 그런 의미에서 박근혜 퇴진 고

양운동본부와 고양시민들이 앞으로 헤쳐 나아갈 길이 멀고 지어야
할 짐은 무겁다.

2016. 12. 20.

3부

참된 교육을 가꾸는 사람들

교육 명사 5인과 최창의 교육 대담

우리 교육과 아이들 삶을 참되게 가꾸려 애쓰는 교육자들과 나눈 이야기입니다. 아현산업정보학교 교장 방승호, 사교육걱정없는세상 공동대표 송인수·윤지희, 성장학교 별 교장 김현수, 효암학원 이사장 채현국, 동국대학교 의과대학 교수 김익중, 이런 분들을 만났습니다. 마주 앉아 진솔하게 주고받은 교육과 삶 이야기를 정리해 놓았습니다.

이 대담은 월간 교육 잡지 〈개똥이네 집〉에 달마다 싣기도 했지요. 마지막 대담 꼭지는 앞과 달리 제가 인터뷰 대상이 되어 나눈 이야기입니다. 좋은교사운동 김진우 대표가 묻고 제가 대답한 내용을 실었습니다.

아현산업정보학교 교장

방승호

일반 고등학교에서 2학년을 마치면 직업을 갖기 희망하는 아이들이 선택해서 다니는 학
교가 있다. '각종학교'로 분류되는 이 학교 가운데 아현산업정보학교가 있다. 학생들은
이곳에서 자기 꿈을 발견하고, 그 길을 찾아간다. 어떠한 교육이 우리 아이들을 변화시키
는지 궁금했다. 아현산업정보학교 교장 방승호 선생님을 만나 그 교육 이야기를 들었다.

재미있는 학교,
재미있는 삶이
최고지요

최창의 교장실에 들어오니 볼 것이 아주 많네요. 벽에 잔뜩 붙어
있는 건 뭔가요? 인형도 여러 가지가 있네요.

방승호 그것은 전교생들이 적어 낸 아이들 꿈이에요. 인형은 아
이들과 말을 하는 연결 고리가 돼요. "선생님, 이거 뭐예요? 왜
있어요?" 그러면서 자연스럽게요. 교장실이 거의 놀이터이지요.
하루에 아이들이 한 오륙십 명씩 와요. 많은 날은 백 명도 넘
게 오고요. 그냥 재미있게 노는 거예요. 애들 오면 자연스럽게
커피 마시고, 배고픈 애들은 초코파이 꺼내 먹고, 보드게임하
는 애들은 같이 하고. 그렇게 하다가 원하는 애들은 일정을 잡
아서 개별 상담을 해요. 학교 오면 저도 너무 재미있다니까요.

최 교장실부터 뭔가 다르구나 하는 생각이 드네요.

방 아이들 생활지도가 그냥 돼요. 노래 좋아하는 애들은 마이크

가 있으니 여기에서 노래해요. 오늘 오전에도 한 아이가 오더니 노래하고 싶다고 해요. 그래서 "아, 그래. 그럼 한번 해 봐." 해서 부르고, 저도 한 곡 불렀지요. 아이들은 쉬는 시간에 오는데 점심시간에 가장 많이 오지요.

최 그냥 자연스러운 삶이네요. 그런데 사람들은 '방승호 교장 선생님은 뭔가 다르네' 이런단 말이에요.

방 전 그냥 하는 거예요. 이걸 하루 이틀도 아니고 어떻게 의식적으로 하겠어요? 어쩌면 제가 아침에 명상을 한 덕은 있을 거예요. 명상을 한 지 20년 됐어요. 그리고 제가 좀 재미있는 게 좋아요. 웃으면 좋잖아요.

최 이 학교에는 처음 교감으로 부임했지요?

방 십 년 전쯤인 그때는 선생님도, 애들도, 교장 교감도 이 학교에 일 년 이상 있었던 사람이 없었어요. 힘드니까 왔다가 다 간 거죠. 애들 졸업시키는 게 목표였어요. 직업은 그다음 얘기고요. 그때 여기 와서 피시(PC)방 만들고, 전교생 상담하고 그러면서 한 일 년도 안 돼 가지고 학교폭력이 싹 없어졌지요. 아이들 상담하면서 늘 꿈을 물어봤어요. 아이들은 공부하기 싫어서 안 하는 게 아닙니다. 마음에 굉장히 큰 상처가 있더라고요. 상처를 상담해 주고 보듬어 주니까 그 자리에 엄청난 꿈이 들어가는 거예요.

최 어쩌면 원래 다니던 본 학교가 포기할 정도로 힘든 아이들을 다시 일으키고 있는 건데, 어떻게 아이들을 만나고 지도하나요?

방 처음 학교에 가면 애들하고 친해져야 되는데, 제가 어떤 방법을 쓰느냐면요. 애들이 교장 교감 잘 모르잖아요. 그래서 교실 앞에서 "얘들아!"하고 부르면 쳐다본다고요. 절대 교실 안으로 들어가면 안 되고, 앞에서 그렇게 한 십 초 있다가 사라져요. 그렇게 이 주일을 계속하면 아이들이 제가 누구인지 알아요. 삼 주일째는 교실에 들어가서 명함을 돌려요. "선생님 상담하는 사람인데 심심하면 교장실로 와. 교장실 오면 초코파이 무한 리필이야." 하면서 한 명씩 전교생에게 명함을 돌려요. 그러면 복도에서 애들이 인사를 하기 시작해요. '하이파이브' 하듯 내가 손바닥을 내밀면 애들도 같이 내밀어요. 몸을 접촉하는 거, 이게 말이 필요 없는 거예요.

최 아이들은 명함을 받으니까 뭔가 대접받는 느낌을 받겠네요. 선생님 표현대로 자연스럽게 친해지는 거에서 관계가 시작되는군요.

방 처음 아이가 한 명 왔을 때 잘해야 해요. 초코파이 주고, 커피 마시며 도란도란 얘기해요. '교육적'이 어떻고 하는 말은 절대 하면 안 돼요. 피곤하면 졸다가 누워 자기도 하고요. 소문이 엄청 나요. 그렇게 3월이 지나면 애들한테 '민원성 문자'가 엄청

와요. 그거 하나하나 해결해 주다 보면 4월 중순이 돼요. 그러면 이제 끊임없이 애들이 상담을 받으러 와요. 상담을 해 주다 보면 학교가 굉장히 평온해지죠. 그리고 어느 날부터는 제가 탈을 쓰고 돌아다녀요. 학교가 이제 '서울랜드'가 되는 거죠. 재미있는 공간이요. 그때부터 애들은 우리 학교는 재미있고 좋다는 생각이 들어서 오고 싶은 학교가 되지요.

최 아! 그래서 학생들이 학교에 가고 싶다는 마음을 들게 하는군요. 게임에 빠진 아이들을 오히려 게임을 잘 시켜서 새롭게 지도하고 있다고 들었어요. 아까 말씀하신 학교 피시방이 고급이라고 하던데요.

방 대한민국에 남자아이 있는 집은 게임 때문에 고민 없는 집이 없을 걸요. 심한 경우는 가정이 정말 파괴될 정도예요. 그런데 해결책은 부정적으로는 안 돼요. 저는 학교에 쾌적한 피시방을 만들고 프로팀까지 만들었지요. 쾌적한 환경으로 대한민국에서 가장 좋은 피시방을 해 놓으니까 애들 인성이 그냥 좋아져요. 올해는 서울 시내 중학생 가운데 게임만 하는 애들 데리고 재미있는 일을 벌였어요. 게임에 너무 빠져 힘든 아이들 18명을 뽑았어요. 학과 성적이 평균 40점에서 50점 정도 되는 아이들로요. 9주 동안 토요일마다 지도했지요.

최 정말 궁금해지는데요, 토요일마다 게임만 했나요?

방   1교시에는 게임 영어를 했어요. 게임에 관계있는 아주 쉬운 영어부터 시작한 거예요. 이걸 가르쳐 주니까 애들이 재미있었던 모양이에요. 집에 가서도 영어 자랑을 했다네요. 2교시에는 대한민국에 아주 유명한 프로게이머하고 게임 해설가가 와서 설명을 해 주는 거예요. 게임 방송에서나 보던 사람이 와서 해 주니까 애들이 놀랄 정도로 집중력이 강해졌어요. 그러면서 게임이 쉬운 게 아니라는 걸 안 거지요. 그리고 '롤'이라는 게임은 캐릭터가 120개 되는데 전부 신화 인물이거든요. 그래서 신화를 조금씩 읽어 줬어요. 애들이 굉장히 재미있어합니다. 그다음이 핵심인데, 30분 남겨 놓고 게임에 대한 글쓰기를 했어요. 애들이 써낸 글을 한번 읽어 보세요. '사람이 다른 것을 할 수 있는 게 있어서 너무 좋다, 사람에 대한 신뢰감이 생겼다, 게임을 절제할 수 있는 힘이 생겼다'는 내용이 있네요.

최   그러면 아이들은 게임을 얼마나 하지요?
방   1시간에서 1시간 반 정도요. 우리 학교 프로팀 아이들이 자문 역할도 해 주고요. 게임을 마음껏 하게 해 주는 게 중요한 거 같아요.

최   수업이 끝나고 아이들에게 어떤 변화가 생겼나요?
방   18명 가운데 11명이 '게임 과몰입'에서 '일반군'으로 넘어갔어요. 사람들은 게임을 잘하는 애들한테 좋은 환경을 만들어서 게임을 시키면 더 빠지지 않겠느냐 생각해요. 그런데 막상 해 보니까 그렇지 않아요.

최 그건 왜일까요?

방 인정해 주는 면이 굉장히 중요한 거지요. 우리나라 경우는 아이들이 게임을 하게 된 동기가 학업이 부진해서 다른 게 할 게 없어서예요. 학교에서 수업을 들어도 뭔 말인지 모르니 들을 게 없고, 집에 가면 복습을 해야 하는데 복습도 할 게 없고, 친구들이 다 학원 가니 같이 운동할 친구도 없고. 그러면 애들이 뭘 할 수 있겠어요? 게임밖에 없는 거죠. 진짜 게임밖에 할 게 없겠더라고요. 우리 아이들이 게임하면서 가장 나쁜 게 '수치심'을 느끼는 거예요. 그러니까 어릴 때부터 게임하면 '하지 마, 하지 마라' 하는 말을 들으니까 숨어서 하게 되고, 밤에 하게 돼요. 피시방 가도 약간 그런 느낌이니까 성장에 안 좋은 거죠. 상담을 해 보니까 가장 나쁜 게 주위 시선이에요. 인간이 자라면서 인정받고, 지지받는 게 그래서 중요하지요. 애들이 밤에 게임을 하니까 학교 가면 자요. 이게 악순환이에요. 처음에는 애들이 낮에 학교에서 게임을 하니까 집에서도 하고, 학교에서도 했지요. 그런데 인간은 체력에 한계가 있고, 또 학교가 시설이 좋은데 왜 밤에 하겠어요. 자동으로 밤에 자게 되지요. 그러니까 아이들 피부 색깔이 돌아와요. 건강을 찾는 거지요.

최 본 학교에서 공부가 뒤처지는 아이들이 이 학교에 오는 거지
   요? 우리 사회는 공부를 못하면 인생 낙오자가 된 것처럼 받아
   들이는 문화가 있는데, 이런 점은 어떻게 생각하시나요?

방 제가 우리 학교에 오려면 적어도 일반 고등학교에서 하루 5시
   간 이상 엎어져 잘 수 있는 능력이 있어야 한다고 말합니다. 저
   도 제가 못하는 걸 계속 집중해서 시킨다면 도망가요. 애들마
   다 배움의 속도가 다르고, 좋아하는 분야가 다르니까요. 그렇
   게 공부 싫어하던 애들이 동기부여가 되면 공부하는 속도가
   엄청 달라져요. 아이들이 미용을 배우다가 일본으로 유학을 가
   야겠다고 마음먹으면 일본어 공부를 얼마나 열심히 하는데요.
   우리 애들이 3, 4, 5월 지나고 자격증 따면서 공부를 하나도 안
   했는데도 자신감을 좀 갖는 것 같아요. 육체를 쓰면서 자기 철
   학을 가지고 살면 더 행복할 수 있는 사회가 와야겠지요.

최 네. 좋은 말씀입니다. 그런데 하고 싶은 게 없고 무기력한 모
   습을 보이는 아이들한테는 어떻게 꿈을 갖게 할 수 있을까요?

방 저는 꿈이란 어떤 것이 되는 기회라고 표현하고 싶어요. 지금
   애들은 대학생이 되는 게 꿈일 수 있어요. 사람마다 다르지요.
   상담하면서 그 아이가 꿈이라고 얘기할 때 그냥 그걸 인정해
   줘요. 자기 안에 꿈틀거리는 거를 할 수 있게끔 해 주는 게 제
   역할이라고 생각해요. 우리 학교는 무기력한 아이들도 꿈을 키
   울 수 있다는 걸 보여 주고 있어요. 올해에도 한 달 만에 전국

30개 학교와 경쟁을 해서 요리 부분에서 우승을 했어요. 제 꿈을 이야기하자면 히트곡을 내고 싶고, 책도 내고 싶고, 개그맨 시험도 보고 싶고 그래요. 전 꿈이 많아요.

최 노래 얘기가 나왔으니 선생님은 노래하는 교장 선생님으로도 유명하시지요. 3집 앨범까지 내고 지난해에는 '노 타바코'라는 금연송이 인기를 끌었다고 하던데요.

방 '노 타바코'는 담배 피운다고 애들 타박하지 말라고, 타박하면 더 담배 피운다는 생각으로 만들었지요. 제가 교장으로 첫 발령을 받은 학교는 다른 학교인데, 지각생이 하루에 150명이고 학교폭력이 서울에서 가장 많았어요. 그런데 6, 7개월 만에 학교폭력이 0으로 떨어졌어요. 학교폭력이 없어지니까 담배 피우는 학생이 70퍼센트가 줄더라고요. 그런데 어느 날 여학생 하나가 찾아왔어요. 화장실에 담배 냄새 나서 양치질을 못 하겠다고요. 제가 다음 날 점심시간에 기타하고 앰프 들고 화장실 앞에서 노래를 했어요. '금연 콘서트'를 한 거지요. 그런데 그걸 한 60명이 보고 돌아서면서 하는 말이 "우리 학교 재미있지 않냐." 하더라고요. 표정도 너무 재미있어하고요. 그날 영상을 페이스북에 올린 걸 보고 '금연송'을 한번 만들어 보자 해서 나온 게 '노 타바코'예요. 가사는 제가 학교에서 겪은 일을 토대로 썼어요. 기타를 치면서 한번 불러 볼 테니 들어 보세요.

"(줄임) 다 되는데 담배는 안 되는 것 같다/ 등나무 밑에 가

" 저는 꿈이란 어떤 것이 되는 기회라고 표현하고 싶어요. 지금 애들은 대학생이 되는 게 꿈일 수 있어요. 사람마다 다르지요. 상담하면서 그 아이가 꿈이라고 얘기할 때 그냥 그걸 인정해 줘요. 자기 안에 꿈틀거리는 거를 할 수 있게끔 해 주는 게 제 역할이라고 생각해요. 우리 학교는 무기력한 아이들도 꿈을 키울 수 있다는 걸 보여 주고 있어요. "

면/ 하얀 담배꽁초가/ (줄임)/ 도망가는 너희들의 그 뒷모습/
어디서부터가 잘못된 거였을까/ 어른들이 해 주지 못했던 일/
그건 바로 사랑일 거야/(줄임)"

   그러고 나서 진짜 담배가 싹 사라졌어요. 교실마다 돌아다니
며 노래 불러 주고, 걸리면 나하고 하루 종일 교장실에서 노래
해야 된다니까 애들이 신기해해요. 아이들이 자기를 혼내는 노
래가 아니라는 걸 다 알아요.

최 만약 다른 교장 선생님들도 선생님처럼 노래 부르면 그 학교
   도 담배 피우는 아이들이 줄어들까요?
방 사람은 재능이 다 달라요. 자기 재능을 써야지요. 글쓰기 잘
   하면 글쓰기를 해야지요. 노래 대신 바이올린을 연주해도 멋있
   을 것 같아요. 아이들이 춤을 춰도 좋고요. 어떤 방법이라도 상
   관없어요. 아이들끼리 "우리 학교 재미있지 않냐?", "이제 우리
   학교 아무나 못 와." 할 수 있는 문화가 되면 아이들한테 훨씬
   각인이 되지 않을까 싶어요.

최 아이들이 재미있어한다는 걸 강조하시는데, 삶에서 재미를
   중요하게 추구하는 것 같습니다. 한편으로 틈틈이 봉사하면서
   사는 이야기도 들려주시지요.
방 아유, 재미가 최고지요. 재미있는 학교, 재미있는 삶, 학교 와
   서 재미있어야 되지 않겠어요? 저는 어디서 연수에 와 달라고

해도 수업 시간에는 절대 학교를 비우지 않습니다. 아이들과 만나야 하니까요. 전 '예약' 명패를 탁자 위에 올려놓고 아이를 기다려요. 하지만 토요일에는 재능기부를 해요. 전국에 공부방이 사천 개가 있는데 인연이 되는 곳에서 노래와 모험놀이 상담을 합니다. 사실 저는 그것 때문에 인생이 바뀌었다고 봐요. 저도 보람을 느끼고, 사람들이 재미있어하고 기다리니까 제가 하는 모험놀이를 놓지 않고 다음에 또 준비해서 가고 하지요.

최 사실 방승호 선생님 하면 '모험놀이 상담'으로 알려져 있는데, 그 이야기를 끝으로 오늘 만남을 마무리하겠습니다.

방 음, 암벽 타는 모험도 있지만, 인간은 자기 마음에 모험을 하는 게 가장 힘들다고 봐요. 자기 수치심을 건드리면 칼로 베는 것보다 더 아프거든요. 그래서 저는 상담하러 오는 아이들과 먼저 놀아요. 이를테면 팔씨름을 해요. 그러고 나서 기분을 물어봐요. "처음 왔을 때는 별로 안 좋았는데 지금은 괜찮아진 것 같아요." 이제 자기 마음에 모험할 준비가 된 거죠. 그러면 "지금 기분은 어떠니?" 하고 물으면 재미있대요. 종이에 동그라미를 그려 주고, 그 안에 재미있는 기억을 쓰라고 해요. 그다음에 "재미의 반대는 뭐니?" 하고 물으니 짜증이래요. 그러면 짜증 났던 일을 적어 보게 해요. 이 종이에 아이 인생이 다 들어 있어요. 그런 다음에 살면서 가장 도움받은 사람을 물어요. 할머니래요. 그러면 할머니에 대해 글을 쓰지요. 그다음에 꿈을 물어요. 이 아이는 꽃가게, 옷가게 사장이 꿈이래요. 방해 요소가 뭐냐고 물으니까 돈이 없는 것하고, 담배 피우는 거래요. 방해 요소를 해결하기 위해 해야 할 일 한 가지를 정해요. 그렇게 '모험놀이 상담'을 하며 재미있게 아이들 꿈을 키워 주고 있습니다.

〈개똥이네 집〉 2016년 8월호

사교육걱정없는세상 공동대표

윤지희,
송인수

우리나라 사교육비가 지난 2007년도에 20조 원이 넘었다는 조사가 있었다. 그로부터 채 10년이 안 되는 지금 사교육비는 그 배가 되었다. 사교육을 하지 않아도 되는 세상을 만들기 위해 애쓰는 윤지희, 송인수 두 사람을 만나 활동하는 이야기를 들었다.

사교육
걱정하지 않는 세상에
살기를 바라며

최창의 '사교육걱정없는세상' 두 대표님을 한자리에서 만나게 되었네요. 반갑습니다. 우리 독자 가운데 사교육걱정없는세상을 모르는 분도 있을 것 같아요. 사교육걱정없는세상을 어떻게 소개하시겠어요?

송인수 사교육걱정없는세상은 입시 경쟁 때문에 죽는 아이가 한 명도 없는 세상, 사교육 고통 없는 세상을 부모들 손으로 만들어서 자녀들에게 유산으로 물려주자는 목표를 삼고 있어요. 처음 시작할 때 사람들이 이루기 힘든 일이라고 걱정했어요. 하지만 해결이 잘 안 되더라도 부딪쳐야 할 일이지요.

최 윤 대표님은 학부모 단체인 '참교육학부모회'에서, 송 대표님은 교사 단체인 '좋은교사운동'에서 활동하다 뜻을 모아 사교육 문제를 전면에 내세우며 교육운동을 하시는데 사교육 문제에 중점을 둔 까닭은 무엇인가요?

윤지희 교육운동이라 하면 공교육을 회복하고 강화하는 것, 대학입시를 개혁하는 것에 중점을 두었단 말이지요. 그런데 공교육을 회복하는 주체는 정부와 학교 교원들이고요, 학부모와 시민들은 정부와 교사에게 '공교육을 강화해 주세요', '공교육을 회복해 주세요' 하면서 청원하는 정도밖에 안 되더라고요. 기자회견하고 성명서 내는 데 그치고 말지요.

사교육 문제는 온 국민이 관심을 갖는 문제이니 온 국민이 함께 가야지요. 그래서 사교육 문제로 교육을 해석하니 시민이 주체가 돼요. 거기다 우리 단체는 '실사구시'적으로 실태를 파악하고 구체적인 증거로 문제를 파악해요. 그러니 제기하는 문제는 해결이 되는 결과를 얻어요. 요구했는데 바뀌지 않으면 지치게 돼요. 교육이 조금씩 바뀌는 모습이 보이니 많은 사람들이 회원이 되고, 후원을 해 주는 거라고 생각합니다.

송 교육계의 영향 있는 사람들, 그러니까 교육 연구자, 교육 관료, 국회의원들은 결정적인 순간에 이해관계에 휘둘리는 모습을 많이 봤습니다. 교육문제는 적은 수의 사람들이 정부를 대상으로 해서는 해결하기 어렵습니다. 그래서 시민의 힘이 중요한 겁니다. 그리고 나쁜 제도를 바꾸기 위해서는 내 안에 있는 나쁜 의식을 걷어 내고, 좋은 의식을 넣는 일을 함께해야 하고요. 오늘을 살게 하는 새로운 의식이 있어야 행복과 에너지가 찾아오기 때문이지요. 제도만 고친다고 문제가 해결되는 건 아니고, 의식도 함께 변화해야 합니다. 그런 차원에서 지역 모임을 하고, 일상에서 새로운 삶 살기를 함께하고 있어요.

최 네. 제도는 바뀌어도 의식이 바뀌지 않아 애를 먹는 경우가 있지요. 삶의 본질까지 고민하고 계시는군요. 사교육이 팽창하는 까닭을 짚어 주시고, 사교육은 어느 정도 필요하다고 보시는지 알려 주세요.

윤 부모들이 자녀한테 사교육을 시키는 원인은 간단치는 않지요. 학교교육이 정상화되면 아이를 학원에 보내지 않겠다는 분도 있지만 상급 학교 입시와 취업에서 학교 차별이 있기 때문에 사교육을 시키거든요. 입시 경쟁 상황에서 어쩔 수 없이 받아야 하는 사교육을 부정할 수는 없겠지요. 하지만 해로운 사교육, 남용되는 사교육까지는 가지 말자는 겁니다.

송 아이들이 자기주도성을 훼손하지 않는 사교육이 되어야지요. 사교육을 받을 적절한 분량과 지침을 만들자는 겁니다. 학교와 언론에서는 정확하게 안 가르쳐 줘요. 그래서 과잉으로 해석된 사교육 정보가 많습니다. 학교는 정보를 해석할 능력이 없고, 학원은 안 가르쳐 줍니다. 언론은 사교육과 결탁되어 있고요. 그래서 우리가 소책자를 만들었어요. 〈아깝다 학원비!〉에서는 잘못된 사교육 정보를, 〈아깝다! 영어 헛고생〉에서는 잘못된 영어 사교육 정보를, 〈찾았다 진로!〉에서는 잘못된 진로 정보를, 〈웃어라, 수포자!〉에서는 잘못된 수학 사교육 정보를 담고 있습니다. 책값이 오백 원씩인데, 지금까지 160만 명이 넘는 시민들이 사서 읽었다는 게 매우 큰 의미가 있어요. 이 소책자를 본 학부모들은 학원을 이용하는 방식이 바뀌더라고요. 전 과목을 가르치는 종합보습학원에는 아이를 보내지 않습니다.

최 그러니까 사교육을 모두 부정할 수는 없고, 하지 않아도 될 사교육을 해서 낭비하지 말자는 말씀이시네요. 그러면 자녀에 대한 이기심을 누르고, 아이들이 잘 자라는 교육을 위해서 어떤 생각을 가져야 할까요?

윤 지금 학교와 사회에서는 경쟁 교육에서 이겨야 앞서는 거라고 생각하잖아요. 그런데 사교육을 많이 시켜서 명문 대학에 진학하는 게 내 아이가 잘되고 성공하는 게 아니라는 걸 정확히 이해하게 되면 관점이 바뀔 수 있죠. 아이들이 쉴 새 없이 입시 공부만 하는 게 오히려 패배한 인생을 살게 한다는 것을 실증적으로 알게 되면 입시에서 실패하더라도 사교육을 시키지 말아야지, 이렇게 생각할 거예요.

송 지금 아이들이 사교육 받는 걸 보면 보통 일주일에 두세 과목 학원 보내고, 날마다 보습학원 2~3시간씩 보내요. 저희는 부모들에게 "성적은 어느 정도 유지할 수 있겠지만 아이가 자기 삶을 주체로 살아갈 가능성은 포기하십시오." 이렇게 얘기해요. 학원에 보내면 시험 예상 문제를 학원에서 다 추려 주지요. 우리가 학교 다닐 때 생각해 보면 친구들끼리 예상 문제도

뽑고 그랬거든요. 그런데 지금은 학원에서 이걸 다 해 줍니다. 시험공부 능력의 절반을 학원이 대신 담당해 주면서 아이는 문제 푸는 기술과 방법만 키워요. 미래학자들은 질문 능력이 중요하다는데, 우리 아이들은 문제 찾는 능력까지 감퇴돼요. 학원이 다 담당해 주니까요. 아이들을 체계적으로 무능력하게 만드는 거예요. 돈 주고 말이지요. 정말 미친 짓이라는 생각이 들어요. 우리 딸아이가 그래요. "우리 반에 공부 잘하는 아이들은 정말 맹탕"이라는 거예요. 상식도 없고 토론할 때 깊은 생각도 없고, 문제 푸는 능력만 있다는 거예요. 그런 아이들이 대학 가서 갑자기 주도적으로 살 수 있다면 뭐 하러 가정교육을 시켜요. 우리나라가 정말 집단으로 문제입니다. 눈앞에 있는 경쟁에서만 승리할 뿐이지, 뒷감당을 할 수 없는 일을 하고 있는 거예요.

최 아이들을 문제 푸는 기술자로 만들어 버린다는 거지요. 씁쓸합니다. 명문대 진학이 성공하는 삶이 아니라고 했는데, 독자들 가운데는 본인들도 말뿐이지 실제로 그렇게 하고 있는가 의문을 가질 거예요. 두 분은 자녀 교육을 어떻게 했는지 들려주시지요.

송 제 두 아이는 일반 고등학교에 갔는데, 아이가 평범한 집단 속에서 살아가기를 바랍니다. 저는 아이가 어떤 대학을 가든 다른 사람을 위해 봉사하고 기여하는 삶을 살아가는 게 중요

" 우리가 학교 다닐 때 생각해 보면 친구들끼리 예상 문제도 뽑고 그랬거든요. 그런데 지금은 학원에서 이걸 다 해 줍니다. 시험 공부 능력의 절반을 학원이 대신 담당해 주면서 아이는 문제 푸는 기술과 방법만 키워요. 미래학자들은 질문 능력이 중요하다는데, 우리 아이들은 문제 찾는 능력까지 감퇴돼요. 학원이 다 담당해 주니까요. 아이들을 체계적으로 무능력하게 만드는 거예요. 돈 주고 말이지요. 정말 미친 짓이라는 생각이 들어요. "

하다고 봐요. 그래서 타자 지향성, 자기주도성, 공감 능력을 키워 가는 평범한 보편 교육을 받으면 좋겠어요. 부모는 남에게 부끄럽지 않게 살고, 아이에게 그런 삶을 권해야지요.

윤 사교육걱정없는세상을 시작할 때는 이미 두 아이가 고등학교를 졸업했어요. 저는 첫아이가 초등학교 입학했을 때 충격을 받아 참교육학부모회에 가입했어요. 아이가 학교에 들어가니까 제 마음에 불안이 생기더라고요. 욕심도 생기고요. 제 불안과 욕심 때문에 아이가 정상으로 살아가기 어렵겠다는 생각이 들어 참교육학부모회 활동을 한 거거든요. 또 제가 중·고등학교 때 자유롭게 생활했는데, 그게 좋았기 때문에 아이도 억압당하면서 공부하게 하고 싶지 않았어요. 하지만 아이는 학교 영향도 받지요. 일반 고등학교를 다녔는데 학교에서 대학입시를 목표로 하니까 아이도 2학년 때 대학을 가야겠다면서 뒤늦게 공부를 하더라고요. 그동안 놀았던 경험이 있어서 그런지 2년 동안 자발적으로 열심히 공부해서 두 아이 다 중위권 대학으로 갔어요.

최 그러면 자녀에게 사교육은 전혀 안 시킨 거예요?
윤 초등학교 때는 예체능 사교육을, 중·고등학교 때는 아이들이 원해 수학은 사교육을 받았어요. 그것도 작은아이는 학원에 가기 싫다고 해서 한두 달 하고 말았지요.

최   윤 대표님도 불안했다고 했는데, 학부모들도 불안해해요. 초
   등학교 4학년 때부터 기초를 다지지 않으면 못 따라간다고 생
   각하고 있거든요.

송   4학년 때 기초 학력이라고 하면 수학을 말하는 건데, 제 아이
   도 수학을 포기하다 뒤늦게라도 집중하니까 성적이 올라가더라
   고요. 연산이 빠르지 않다는 게 걱정이었어요. 초등학교 때는
   연산이 복잡하잖아요. 그런데 수능에 연산이 비중을 차지하
   지 않는다는 걸 알고 아이가 공부를 하더라고요. 기계적인 문
   제 푸는 것을 열심히 안 해 놓으면 수학을 잘 못한다고 생각하
   는데 그렇지 않습니다. 소책자 〈웃어라, 수포자!〉에 그런 내용
   이 잘 담겨 있습니다. 영어도 조기교육을 받아야 한다고 하잖아
   요. 그런데 이제 조기교육 신화가 꺼져 가고 있어요. 조기유학도
   예전처럼 많이 안 가요. 후폭풍이 너무 크거든요. 가족 관계 균
   열부터 시작해서 다른 교과목이 뒤처지고, 한국 사회 적응 능
   력 같은 것이 문제이지요. 영어는 조기교육 열심히 해도 5학년
   이 되면 3학년 때부터 시작한 아이와 아주 어린 시절부터 공부
   한 아이가 같은 수준에서 만난다고 해요. 우리 사회가 낭비하
   는 투자를 많이 하는 거예요.

최   영어 조기교육 신화가 꺼져 가고 있다고 했는데 과학적인 근
   거가 있나요?

송   영어 조기교육은 '결정적 시기'라는 가설이 있잖아요. 3~5세

라는 그 시기가 영어를 기반으로 하는 사회에서 실험한 지수이지, 영어를 외국어로 하는 나라에서 검증된 바가 없어요. 미국에서 나온 가설인데, 13세 넘어서 외국어를 배우면 자국민처럼 할 수 없다는 거예요. 그런데 우리나라에서는 그 시기가 3~5세로 내려가 있고, 학원 업자들이 이를 과학적 사실처럼 선전하는 것도 문제예요. 우리 사회에는 학원이 만들어 놓은 거짓 정보가 너무 많이 쌓여 있어요. 언론은 사교육과 결탁하고 그 과잉 정보를 흘리고요. 영어 사교육에 대해서는 〈아깝다! 영어 헛고생〉에 자세히 나와 있습니다.

최 그러면 학부모들이 사교육 문제를 어떻게 바라봐야 하는지요.

윤 사교육 문제는 입시 경쟁의 문제, 학벌 사회가 만들어 낸 문제예요. 이 문제를 풀기 위해서는 공교육이 정상화되고, 학벌 체제가 완화돼야지요. 그 문제를 푸는 지렛대로 사교육을 이야기하는 거고요.

송 사교육의 해악은 먼저 비용 문제가 있지요. 한 집에 학생이 두 명이 넘으면 사교육비로 100만 원 이상 지출할 거예요. 그 지출이 막대하지요. 학생들은 시간을 낭비하고요. 그런데 저는 사교육의 가장 큰 문제는 아이들의 주도성이 사라지는 거라고 봐요. 아이들이 학교 끝나고 스스로 학습하는 주체적인 과정을 거치지 않고 학원에 의탁하면서 누군가에게 의존하는 습성을 어린 시절부터 갖게 합니다. 사교육이 의존적 인간을 만드는 게 가장 심각한 문제예요.

최   예. 이야기를 나눌수록 과잉된 사교육이 주는 폐해가 심각하
　 게 다가옵니다. 사교육걱정없는세상이 가장 보람을 느꼈던 성
　 과는 무엇을 뽑을 수 있는지요?

윤   지금까지 해 왔던 일 가운데 보람 있는 일이라면 '사교육비
　 제로(0)를 위한 7대 공약운동'을 하고 있는데, 그 첫 번째인 '선
　 행 교육 규제법' 제정을 성사시킨 일이라고 할 수 있지요. 학원
　 규제까지는 못 하고 있지만, 학교에서 선행 학습을 하거나 상
　 급 학교 입시에 선행 학습 문제를 출제하지 못하도록 법을 만
　 든 걸 뜻 깊게 생각합니다. 선행 학습은 2000년도에 특목고 입
　 시가 널리 퍼지면서 일반화되었거든요. 불과 15년 사이에 위 학
　 년 것을 배우는 너무나 비정상적인 교육이 정상인 것처럼 되어
　 전국 모든 학교와 사교육이 선행 학습을 하고 있었지요. 선행
　 학습이 정상이 아니라고 인식을 달리하게 되었던 것, 선행 학습
　 은 나쁜 것이고 불량식품 같은 것이라는 인식이 뿌리내리게 한
　 것이 획기적인 일이었습니다.

최   네. 뜻있는 성과였지요. 하지만 아이들은 여전히 학원에서 선
　 행 학습을 해요. 아이들 삶까지 바꾸려면 학원에서 하는 선행
　 학습도 규제해야 되겠지요. 올해 중점 사업이 '출신학교 차별철
　 폐'와 '출신학교 차별금지법'을 만드는 일이지요?

송 앞서 잠깐 얘기 나오기는 했지만, 기업이 직원을 채용할 때 출신학교로 차별을 하니 사교육을 피할 수 없다는 거잖아요. 그래서 출신학교를 차별하지 않도록 하는 게 해법 가운데 한 가지라고 생각해요.

최 성과를 꼭 거뒀으면 합니다. 2022년도쯤에 사교육 없는 세상을 이루는 걸 목표로 세웠는데 정말 가능할까요? 그렇게 된다면 얼마나 좋을까요.

송 그날이 자연스레 온다는 것이 아니고요. 그날까지 앞장서 운동하자는 뜻이지요. 열심히 노력해서 목표에 가까이 가야지요. 2022년이 오는데 안타깝게도 사교육비가 지난해 가장 높았어요. 실망해서 깃발을 내릴까 이런 마음도 잠깐 들었지만 남은 기간 힘을 다해 최대한 만들어야겠지요.

윤 우리 회원들이 활동에 참여하면서 삶이 바뀌어 기뻐하는 모습을 볼 때 피로와 고단함이 씻겨요. 4,200명 회원들 가운데 국회 기자회견에도 나오고, 지역에서 이루어지는 거리 서명운동을 하며 일상이 바뀌는 모습을 봐요. 이 운동이 주는 활력이랄까 근본적 기쁨이 있는 거지요. 그래서 2022년까지 운동을 꾸준히 펼치면 그런 세상이 오리라고 생각해요.

최 회원들이 느끼는 기쁨은 어디서 오는 걸까요?
윤 내 아이가 남보다 뒤떨어지지 않을까 하는 불안한 마음에서 사교육을 시키는데, 사교육을 시키지 않으니까 아이를 있는 그대로 바라보게 돼요. 그러니 당연히 부모와 자녀 관계가 좋아져요. 자연스럽게 성적으로 아이와 다툼을 하지 않고, 삶을 어떻게 살 것인가 고민하지요. 우리 회원들이 자녀들에게 사교육을 시키지 않으면서 겪은 여러 변화 과정을 종합해서 내년쯤에 발표할 예정입니다. 더 많은 학부모들이 이 놀라운 경험을 하면 좋겠습니다.

〈개똥이네 집〉 2016년 9월호

성장학교 별 교장

김현수

요즘, 아이들이 무기력해졌다는 말을 많이 한다. 무엇을 해야 할지, 무엇이 될지 혼란스러운 아이들과 함께하는 학교가 '성장학교 별'이다. 정신과 의사이기도 하면서 별을 만들어 이끌고 있는 김현수 교장 선생님을 만나 우리 아이들과 부모님, 교육에 대한 이야기를 나눴다.

민주적인 학교 분위기가
만병통치약이지요

최창의 김현수 선생님은 하는 일이 여러 가지라서 먼저 정체를
밝혀야 할 것 같습니다. 직업은 정신과 의사지요. 대안학교인
'성장학교 별' 교장 선생님도 맡고 계시고요.

김현수 '성장학교 별'에서는 교사, 학부모들과 학교 운영 상황이
나 아이들에 대해 회의하고, 교육 나눔도 하지요. 병원에서는
정신과 의사로 외래 진료를 하고 있어요. 입원 환자 회진도 하
고 환자공감센터 병원 업무도 보고요. 정신보건센터에서 정신
보건 업무로 정신장애, 자살 예방 이런 걸 해 왔어요. 사이사이
에 학교나 단체에서 강의와 교육을 하고, 틈틈이 글을 써서 책
을 내고 있습니다.

최 크게 다섯 가지 일을 하고 계시군요. 어떤 일이 중요하지 않
다고 할 수 없겠네요. 흔히 교사는 교사 노릇에, 의사는 의사

노릇에 충실하면 된다고 생각하지 않나요?

김 저는 환자가 질병에 걸리는 까닭이 개인의 습관이나 유전 때
문으로 보는 학파가 아니라, 양육의 조건과 사회적 환경을 중요
하게 생각하는 학파에서 공부를 했어요. 질병을 회복하는 데
환경 요인이 영향을 미친다면 "의사가 환경 개선에 참여할 수
있다. 다만 의사 혼자서 하지 않고 협동으로 해야 한다"고 가르
침을 받았어요. 청소년과 청년 환자들을 진료하면서도 생물학
적 상태만 바꾼다고 병이 나아질 수 없다는 걸 알게 되었어요.
가정이나 학교에서 상처를 받은 아이가 병원 진료실에서는 좋
아져 밖으로 나갔는데 다시 악화되는 걸 많이 봤어요. 그래서
아이가 치유될 수 있는 환경 만들기에 의사가 참여할 수 있다
고 생각해요.

최 책을 여러 권 냈는데, 제목만 봐도 어떤 문제를 말하려는지
드러나는 것 같아요. 책을 펴낸 과정을 말씀해 주세요.

김 처음 낸 책은 번역한 책인데, 《인터넷 중독증》(2000년)이에
요. 한 고등학생을 치료하려고 문헌을 뒤져 보다 알게 된 책인
데, 번역까지 했습니다. 이 책이 알려져 몇 차례 교육방송(EBS)
특강도 하고, 텔레비전 방송 〈아침마당〉에도 나갔지요. 그러다
가 병원에서 아이들을 상담하고 학부모, 교사들을 만나고 강의
하면서 책을 쓰게 된 것이 《아이들이 인터넷 게임 때문에 너무
아파요》(2005년), 《학교폭력, 우리 아이 지키기》(2006년)예요.

그 뒤로 '강서구 정신건강증진센터'에 나가면서 가출한 아이들 돌보는 일을 시작했는데, 제가 여학생들의 심리상담, 심리검사 지원을 맡았어요. 가출 여학생들을 만나 가정, 친구 문제, 성폭력, 성매매 문제를 상담하면서 번역한 책이 《성폭력 피해 가족을 위한 치유 프로그램》(2009년)이에요. 《교사 상처》(2014년), 《공부 상처》(2015년), 《중2병의 비밀》(2015년) 같은 책들도 썼지요.

최　정신과 의사로 일하면서 필요한 책들을 번역하고, 상담한 사례를 바탕으로 책을 쓰셨군요. 일과 책이 함께 나란히 가고 있네요. '인터넷 중독, 학교폭력, 중2병, 공부 상처' 같은 제목에서 그 시대마다 앓고 있는 아이들 문제가 그대로 전해 오는데요. 그러면 봉천동에서 대안학교를 시작한 것도 청소년 문제와 관련된 어떤 계기가 있었나요?

김　제가 봉천동에서 초, 중, 고등학교를 다 나왔어요. 빈곤 가정 출신이기 때문에 빈곤과 관련된 활동을 해야겠다고 늘 생각하고 있었어요. 의사가 되어 소년교도소에서 청소년들을 만나 보니까 아동 범죄는 아동 개인의 문제가 아니라 돌봄이 결핍된 문제라는 걸 깨달았어요. 그때 학교를 안 다니는 아이들도 배움이 중단되어서는 안 되겠다고 생각했지요. 마침 '도시 속 작은 학교' 운동이 시작되던 때였어요. 배움이 중단된 아이들이 모인 학교인데 검정고시로 학력을 인정해 주는 학교예요. 그 학교 아이들과 부모들을 만나 봤는데, 아이들이 아직 배울 마음의 준비가 안 되어 있었어요. 돌봄을 받아야 할 상태이니 검정고시 공부가 될 리 없지요. 거의 날마다 사건 사고가 터졌어요. 그때 제가 지역에서 작은 병원을 개업하고 있었는데, 마포 가출 쉼터에 들어온 아이와 동네 공부방 다니는 아이들이 제 병원에 와서 오랫동안 안 가고 있는 거예요. 그래서 비행 청소년을 위한 미국 대안학교인 '벤츄라 학교' 이야기를 참고해 2002년에 '치유적 대안학교 별'(지금은 '성장학교 별'로 이름이 바뀜)을 시작했지요.

최   어려운 조건에서 대안학교를 세웠는데 지금까지 15년 동안 어떤 아이들이 학교에 오고 있나요?

김   초기에는 치유, 복지, 교육, 영성 이 네 가지의 기둥을 갖고 학교를 시작했어요. 영성은 내면세계의 힘을 기르는 데 필요한 것이고, 치유는 의학 개념이 있는 거고요. 처음 시작할 때 네 명의 아이가 왔는데, 가출해 쉼터에서 지내는 아이, 알코올 중독인 아버지하고만 사는데 자기도 알코올 중독 수준인 아이, 정신질환으로 병원을 들락날락하던 아이, 집 안에서만 지내고 안 나오는 아이였어요. 그다음부터 아이들이 늘었는데 비행 청소년, 약물 중독, 가족 갈등, 학교 중단, 게임 중독 같은 문제를 가진 아이들이 왔어요. 2005년부터는 왕따, 경계선급 장애 아이들의 비율이 늘어났어요. 우울한 아이들, 은둔형 외톨이처럼 사회적 관계를 안 했던 아이들, 산만함이 심해서 일반 학교에서 부정당한 경험이 많은 아이들이 주로 와요.

최 그러면 학교 운영에서 가장 중요하게 생각하는 건 무엇인지요?

김 아이들이 별 학교에서 빠르게 회복하고 자유를 느끼고 행복해지는 것은 교사의 상담, 치유적인 수업, 이런 게 아니에요. 가장 영향이 큰 건 민주적인 학교 분위기예요. 졸업한 아이들에게 "별 학교가 너를 가장 좋아지게 한 요인이 뭐냐?" 물어봤는데요. "학교의 운영이 민주적이다"를 가장 많이 선택해요. 학교가 자기 의견을 들어주고 권한을 주니까요. 교육과정의 삼분의 일을 자기들이 짤 수 있거든요. 권한과 참여가 자신을 좋아지게 한 요인이 되었다고 말하는 거예요. 민주주의가 가장 중요한 치료제예요. 민주적인 분위기가 왕따도 해결하고, 학습 부진도 해소하고, 우울증도 치료하고, 외로움도 극복해요. 그 집단 구성원이 할 수 있는 최대한의 민주주의가 만병통치약이에요. 선생 한 명이 아이들을 바꿀 수는 없어요. 집이 민주적이어야지요.

최 아이들이 학교를 중단하는 상황이 공부 문제, 친구 관계, 학교폭력, 우울감을 비롯해 여러 가지 문제 때문이지요.

김 의사들은 "진료가 우리가 행동하는 기원이다. 진료실이 혁명의 산실이다. 오늘 환자가 가져온 문제에 동참한다"고 말합니다. 학교와 관련된 일을 하면서 보니 예전에는 비행이나 학교폭력 피해 학생들이 많이 찾아왔어요. 2000년대 후반부터는 공부가 싫다, 짜증 난다면서 무기력하고 우울한 아이들이 늘어나기 시작했어요. 그때 만난 많은 아이들은 대부분 공부 이야기를 하더라고요. "내 인생의 가장 큰 상처는 공부로부터 온다"는 거예요.《공부 상처》라는 책은 아이들이 만들어 준 제목이에요. 아이들이 공부 때문에 상처를 받고 있다는 말인데, 이것은 어른들에게 소리치는 저항이에요. 공부 상처가 원인이 되어 아이들이 우울해지고 무기력해진 거예요.

최 아이들이 무기력해져서 주변에 관심이 없고 아무것도 하고 싶지 않은 거지요. 최근《무기력의 비밀》(2016년)이라는 책도 내셨는데, 아이들이 왜 이렇게 무기력해진 건가요?

김 요즘 강의 때문에 고등학교를 자주 갔는데, 선생님들 말씀이 예전에도 무기력한 아이들이 있었지만 지금은 무기력 정도가 심해 너무 많이 엎드려 잔다고 하소연을 해요. 차라리 비행을 저지른 애들은 어떻게 해 볼 수 있다는 거예요. 폭발하고 표현하는 아이들은 이런저런 시도를 해 보겠는데, 무기력한 아이들은 '됐다, 미안하다, 가겠다, 그만해라, 안 나온다' 이러니 정말 힘들다는 겁니다. 그래서 무기력에 대해 강의하기 시작했던 내용을 묶어 책으로 낸 것이지요. 무기력은 저성장 사회가 양

❝ 부모들도 자기 삶을 소중히 여기고, 자기 삶을 살아야 해요. 그래야 아이들이 자기 삶을 살 수 있어요. 아이들에게 물으면 자기가 엄마 삶을 살고 있다고 말하거든요. 엄마가 살고 싶었던 삶을 아이에게 대신 살게 하는 거지요. 아이들이 어렸을 때부터 자기 삶을 살도록 해야 돼요. 자기 삶을 살아야 공동체적인 삶도 살 수 있기 때문에 어떻게 자기 삶을 살 수 있을까 하는 방법을 서로 가르쳐 주면 좋겠어요. ❞

극화되면서 예고되었던 것이지요. 일본의 '은둔형 외톨이'가 무기력한 사회 풍조 현상인데요. 오늘 바로 일어난 일 때문에 무기력하게 반응하는 것과는 다릅니다. 우리나라의 여러 가지 상황 자체가 중고생이 되면 무기력하게 보낼 수밖에 없는 과정이에요. 무기력하게 지내는 아이들은 내가 할 게 없다는 거잖아요. 우리 청소년들이 정체성을 형성하는 데 실패해 왔고 더 많은 실패를 예고하고 있어요. 어버이날 즈음에 나온 기사인데 3,500명한테 조사를 했어요. 어버이날 선물로 무엇을 주고 싶으냐는 질문에 51퍼센트 학생이 '전교 1등'을 답했어요. 부모가 가장 기뻐할 선물이 전교 1등이라는 거죠. 아이들이 부모가 원하는 게 뭔지 아는데, 거기에 부응하지 못하니까 점점 더 무기력해지는 거예요.

최 대개의 부모들은 일부 아이들이 보이는 모습이지 우리 아이는 아니야 하면서 인정하지 않을 텐데요. 청소년들에게 나타나는 정서는 결국 불안한 우리 사회의 증후군 아닌가요?

김 요즘 아이들은 '무엇을 해야 하는가, 무엇이 될 것인가?' 하는 말들을 싫어해요. 묻는 것도 싫어하고 말하는 것도 싫어해요. 올해 초에 대학생 신입생 워크숍을 몇 군데 갔어요. 학생들에게 특강을 하고 모둠 활동도 해 봤는데, 정체성이 없는 까닭을 알겠더라고요. 정말 아이들이 해 본 게 없는 거예요. 인생을 체험해 본 게 없어요. 체험해 본 것이라곤 테마파크, 리조트,

쇼핑몰, 백화점, 학교, 학원 이게 끝이에요. 서양에서는 우리와 집 구조가 다르니까 정원 가꾸기라도 하잖아요. 아주 부자가 아니어도 꽃을 찾아본다든지, 나무를 잘라 본다든지, 못을 박아 본다든지, 톱질을 해 본다든지, 고기를 구워 본다든지, 낚시를 해 본다든지, 가정에서부터 다양한 일을 해 보거든요. 그런데 우리 아이들은 아동, 청소년기에 흔한 삶의 기본 체험도 거의 없는 거예요.

최 그래도 요즘 부모들은 아이들에게 체험 프로그램을 많이 시키지 않나요?

김 체험 프로그램을 하는 것도 초등학교 때 잠깐인데, 그건 기획된 체험이에요. 우리나라 부모들은 허름한 집에서 지내 보는 걸 싫어해요. 그래서 애들도 리조트나 펜션으로만 다녀요. 프로그램으로 체험하는 건 동물원 보는 것과 다를 바 없어요. 자기 삶에서 자연스럽게 체험이 되어야지요. 아이들이 이처럼 해본 게 없이 자라다 보니, 지금처럼 수십만 명이 오직 공무원 시험을 볼 수밖에 없는 현실이 돼요. 많은 평범한 사람들은 학원에 가고 독서실 다니면서 공무원 시험 준비하는 게 고등학교, 대학교 때 삶의 연장이기 때문에 가장 익숙하거든요. 우리나라 아이들에게 가장 훈련된 기술은 문제 풀이하는 기술밖에 남아 있는 게 없어요.

최 사회구조가 문제인데, 학부모들은 사회 탓은 하지만 그 구
조에 따르고 있지요. 부모님들의 의식 변화가 필요한 거 아닌
가요?

김 옛날 우리 부모님들은 '자식들 때문에 산다'고 했어요. 그런
데 지금 40대 어머니들도 물어보면 비슷해요. 왜 사냐고 물으면
자식 때문에 산다고 그래요. 아버지들도 처자식 때문에 산다
고 하지요. 대한민국에서 부모가 되면 왜 유일한 가치가 자녀
가 되어야 하나요? 부모들도 자기 삶을 소중히 여기고, 자기 삶
을 살아야 해요. 그래야 아이들이 자기 삶을 살 수 있어요. 아
이들에게 물으면 자기가 엄마 삶을 살고 있다고 말하거든요. 엄
마가 살고 싶었던 삶을 아이에게 대신 살게 하는 거지요. 아이
들이 어렸을 때부터 자기 삶을 살도록 해야 돼요. 자기 삶을 살
아야 공동체적인 삶도 살 수 있기 때문에 어떻게 자기 삶을 살
수 있을까 하는 방법을 서로 가르쳐 주면 좋겠어요.

그리고 아이들에게 자꾸 '쓸모 있는 사람이 되라' 이런 말을
하지 않았으면 좋겠어요. 그 강박으로 열등감을 갖고 자존감
을 잃거든요. 많은 아이들이 진료실에 와서 '나는 쓸모없는 놈'
이라고 말해요. '나는 개쓰레기'라는 말이 입에 뱄어요. 부모님
이 바라는 대로 쓸모 있는 존재가 못 되었기 때문에 쓰레기라
고 생각하는 거예요. '너는 너 그 자체로도 괜찮다'는 말을 자
주 들어야 자기가 살고 싶은 삶을 살 수 있을 텐데요. 또 정말
부모가 아이가 할 일을 대신해 주는 일이 없어야 돼요. 잘못하

면 평생에 걸쳐 부모한테 자식이 의존하는 삶을 사는 거예요.

최 아이들이 자기 삶을 살며 맘껏 꿈을 펼치는 사회를 만들기
   위해 어른들이 할 일은 무엇일까요?

김 우리 학부모 운동이 소극적이긴 해요. 영국의 학부모들은 우
   리나라 같은 일제고사 방식의 시험을 친다고 하니까, 그런 시
   험을 치면 학교를 안 보내겠다고 들고 일어섰지요. 우리 학부모
   들도 지금과 같은 식의 교육에 대해서 학교나 학원 안 보내기
   를 해야 하지 않을까요? 또 학생들이 많이 활동해야 할 것 같
   아요. 잘못된 교육제도가 계속되면 학교를 안 가든지, 교육제도
   를 바꾸라는 청원을 하든지요. 저는 사회를 바꾸는 부모가 자
   녀를 행복하게 한다고 생각해요. 사회를 바꾸어야 부모가 자녀
   의 변화를 볼 수 있어요. 자녀의 행동 하나를 고치고, 습관 하
   나를 고쳐 사회에 적응한들 행복할 수 있냐는 거예요. 지금은
   많은 부모들이 저마다 자기 자녀를 바꿔서 해결하려 하고 있지
   만 사회를 바꿔서 모든 아이들이 더 나은 삶을 살 수 있도록
   해야지요. 스웨덴, 캐나다 사례를 보면 부모가 나서서 사회를
   바꿔요. 아이들이 더 좋은 조건에서 살도록 사회를 바꾸는 거
   지요. 결국 우리나라 부모들도 그렇게 할 거라고 생각해요.

최 마지막으로 마무리 말씀 부탁드리며 마치겠습니다.

김 지금은 옛날하고 사춘기 양상이 많이 달라요. 지금은 형제가

하나거나 둘이에요. 아이들이 형제가 없는 시대에서 크는 건데요. 확대 가족이나 공동체가 존재하지 않기 때문에 부모는 부모대로 의논할 사람이 없고 잘 키우려는 욕망은 크지요. 그래서 아이들은 아이들대로 불행해져요. 예전에 우리가 자랄 때는 이렇게 불행감을 느끼고 자란 건 아니잖아요. 핵가족 시대에, 대가족을 살리듯 마을을 살리고 사회자본과 공동체를 살려서 우리의 결핍을 메꾸어야 해요. 서로가 중요한 사람이라는 걸 확인하고 삶을 회복해야지요.

〈개똥이네 집〉 2016년 10월호

효암학원 이사장

채현국

2014년 1월 《한겨레》 신문에 실린 대담으로 화제가 되었던 인물이 있다. '건달 할배'로 불리기 바랐지만 '이 시대의 어른'이 된 채현국이다. 사립 중고등학교 재단인 효암학원 이 사장이기도 한 채현국은 전립선암 진단을 받아 항암 치료를 받는 가운데 〈개똥이네 집〉 과 만나 '교육'에 대한 이야기를 나누었다.

가르치는 학교가 아니라
배우는 학교가 되어야지요

최창의 요즘 몸이 많이 아프신데 이렇게 시간을 내주셔서 고맙습니다. 채현국 선생님은 2014년 《한겨레》 신문 대담으로 세상에 알려지기 시작하셨지요. 저도 대담 기사를 읽고 감동을 받았습니다.

채현국 그런 대담을 그전에는 전혀 안 했어요. 입을 열다 보면 사람이 꽤나 성실하게 애쓴 것처럼 되거든요. 모든 일은 여러 사람이 함께 한 일이지 저 혼자 한 일이 아니거든요. 그리고 그 일에는 탄광에서 다치고 불행해진 사람들의 힘도 들어갔는데 나를 그럴싸한 사람으로 쓰면 제가 몹쓸 사람이 되는 거예요. 다 함께 한 일인데 남의 공을 독차지하는 꼴이 되기 십상이지요. 나를 초점으로 맞출 게 아니라 세상에 초점을 맞출 수 있는 능력이 있겠느냐 물었거든요. 그런데 그 대담이 나오고 보니 내가 꽤 그럴싸한 인간이 되어 있단 말이에요. 모두가 함께 한 일이라고 했는데도요.

최 오늘 대담에서는 교육 이야기를 할 건데요. 채현국 선생님은
사립학교 재단인 효암학원 이사장을 맡고 있는데 교육에 대해
평소 어떤 생각을 갖고 있는지요?

채 교육이란 말을 쓰는 게 굉장히 조심스럽습니다. 교육이란 말
은 오류입니다. 명치유신 때 일본 학자들이 절대 권력자, 절대
인물인 천황의 입장에서 만든 말입니다. 교육敎育이 '가르치고
기른다'는 말인데요, 《논어》에는 '교敎' 자가 안 나옵니다. 배우
는 건 '학學'이고, 익히는 건 '습習'입니다. 교육은 '에듀케이션'의
일제식 번역으로 천황이 자기 신민을 가르치고 키운다는 말입
니다. 명치유신 때 일제가 그런 말을 만들어 독재로 간 겁니다.
민주와 인권을 존중하는 사회에서는 쓰지 말아야 하는 말입니
다. 교육이라는 말부터 다시 생각해야 학교가 다시 살 수 있어
요. 학교가 썩은 교육, 이기는 경쟁 교육만 해 왔기 때문에 정
의가 존재하지 않는다고 할 수 있어요. 그래서 학교교육을 안
받은 사람이 순박하지요. 학교교육을 받은 사람은 경쟁하고 이
기는 것만 제일로 배울 뿐입니다.

최 지난달 대담에서 홍순명 선생님도 비슷한 말씀을 하셨어요.
교육은 "인도하거나 지도해서는 안 된다. 결국 안에서 끄집어내
고 자라게 하는 것이다." 이렇게 말씀하셨거든요.

채 1900년대 초에 학교 들어간 사람들은 거의 친일파가 되었어요. 약삭빠르게 사회 적응력이 생겨서 악질 자본가, 권력 추구자가 됩니다. 국가가 모든 학교에 왜 월급을 줍니까? 교사들을 왜 키웁니까? 일제는 식민지에 필요한 사람을 키워 낸 겁니다. 독재 정권은 자기들 정권 유지에 필요한 사람들만 키워 내니까 앞잡이가 되는 게 당연한 겁니다. 학교 안 간 사람만이 순박한 사람으로 남지, 학교 다닌 사람 가운데 순박한 사람 찾아보기 어렵습니다. 학교는 사람을 찍어 누르는 기술을 배우게 하고 조장해요. 은폐된 폭력배를 키우는 거지요. 요즘 정치권과 언론이 재주 피우는 꼴을 보세요. 언론기관이 최순실만 내세워 호도하는 겁니다. 대통령 책임이고, 정치인과 국회, 사법부가 책임이 있지요. 어떻게 최순실이라는 한 사람이 그따위 짓을 할 수 있습니까? 다 권력이 한 일이지요. 합리화시키는 능력을 키워 준 게 학교교육입니다. 잘못된 정치권력은 역사의 범죄자를 키워 낼 수밖에 없습니다. 하지만 아무리 허구를 휘둘러도 삶의 정직함이 결국은 용하게도 세상을 마구 끝장내지 못하게 하는 것이지요. 박근혜가 아무리 못된 짓을 하고, 이명박이 4대강 갖고 거짓말을 해도 결국 민중의 삶이 여기까지 끌고 가는 겁니다. 세계 전체가 그렇습니다. 그래도 인간은 환상적인 상상력이 작용하니까요.

최 선생님 말씀은 잘못된 학교가, 교육이 그런 집단을 만들어

냈다는 말씀이시네요. 선생님은 이사장인데도 학교 화단에서 꽃을 가꾸거나 쓰레기를 줍고 다닌다고 들었습니다. 그래서 사람들이 일하는 동네 할아버지인 줄 안다고 하던데요.

채 저는 이사장이라는 말을 질색합니다. 우리 사회에서 권력과 경제력을 장악하고 있으면서 선량한 사람으로 보이도록 꾸미는 말이기 때문입니다. 이사장은 인사권을 갖고 있기 때문에 독재를 할 수 있습니다. 이사장의 인사권이 독재를 할 만치 크기 때문에 학교가 여유롭고 자유롭고 평등한 분위기에서 자발적으로 되기가 쉽지 않은 겁니다.

최 그러면 사립학교를 인수하여 운영하게 된 동기가 무엇인가요?

채 1965년쯤인데, 형편없는 흙벽돌 중학교를 인수한 겁니다. 부산대학교에 이종률 교수라고 훌륭한 분이 있었는데, 그 양반을 교장으로 모시려고 개운중학교를 인수한 겁니다. 그런데 그때 박정희 정권에서 이종률 선생을 교장으로도, 이사로도 안 받아 줘요. 그래서 제가 할 수밖에 없다 해서 이사가 됐어요.

최 한때 소득세 전국 10위 안에 드는 번창하던 탄광(홍국탄광)을 직원들에게 나눠 주고, 경상남도 양산에 학교를 새로 하게 된 특별한 까닭이 있을까요? 탄광 사업을 하게 된 과정하고 재산을 직원들에게 분배한 이야기도 잠깐 들려주세요.

채 열일곱 살 때 연탄 공장을 내 책임으로 해 본 경험이 있는데,

돈 버는 일이 성격에 안 맞고 싫은 줄 알고 있었어요. 탄광 사업은 아버지가 하시던 건데 부도가 난다고 난리가 났어요. 부도가 나면 어떻게 되는지 알아보니 감옥에 가게 된다는 겁니다. 할 수 없이 친구들한테 전화해 돈을 이리저리 구해서 어렵사리 부도를 막았어요. 그 뒤로 돈을 꾼 것 안 떼어먹고, 난리 안 나게 하려다 보니 돈 버는 데 끼어들기 싫었지만 어쩔 수 없이 걸려든 거죠. 제가 연탄 공장을 해 봤으니, 탄광에 대해서는 기본이 있거든요. 또 제가 성격적으로 경쟁심이 광분할 정도로 심한 사람이에요. 어렸을 때 불리한 삶에서 오는 잠재의식 속에 경쟁에서 떨어지면 괴멸이라고 생각했던 거 같아요. 학교 다닐 때 집안이 어려워 공책도 교과서도 없이 다녔는데 경쟁의식 때문에 공부 시간에 살인적으로 열심히 들었습니다. 공책이 없으니 필기도 못 하고 열심히 듣는 수밖에 없었지요.

최   보통 사람들은 돈 버는 일이 싫다는 말이 얼른 이해되지 않아요.

채   돈을 벌어들이는 게 위험한 일이에요. 어떻게 하면 돈이 더 벌릴지 자꾸 보여요. 정의고 뭐고 다 부수적이 돼요. 부자가 되면 식구들 사이도 아첨의 대상이 됩니다. 인간이 변합니다. 어느 부자든 권력자든 행복한 사람 하나도 없습니다. 한창 탄광 사업이 잘나가던 때 박정희 정권이 유신을 선포했어요. 독재 권력의 한패로 가기 싫어서 사업체를 그만두기로 한 겁니다. 계속

" 교육이란 말은 오류입니다. 명치유신 때 일본 학자들이 절대 권력자, 절대 인물인 천황의 입장에서 만든 말입니다. 민주와 인권을 존중하는 사회에서는 쓰지 말아야 하는 말입니다. 교육이라는 말부터 다시 생각해야 학교가 다시 살 수 있어요. 학교가 썩은 교육, 이기는 경쟁 교육만 해 왔기 때문에 정의가 존재하지 않는다고 할 수 있어요. 그래서 학교교육을 안 받은 사람이 순박하지요. 학교교육을 받은 사람은 경쟁하고 이기는 것만 제일로 배울 뿐입니다. "

나가면 끔직한 재벌로 갑니다. 1972년 겨울부터 사업을 깨기로 하고 아무것도 안 했습니다. 직원들에게 재산을 돌려준 것도 잘못하면 '빨갱이'로 몰리잖아요. 그래서 학교 일에도 관여하지 않았는데 개운중학교 옆에 신식 건물로 고등학교를 새로 짓게 되었습니다. 개운중학교를 졸업한 학생들 학부모가 진학을 원해서 세우게 되었지요.

최 그렇다면 양산에 있는 학교를 인수한 특별한 까닭이 있을 텐데요.

채 처음 개운중학교를 시작할 때는 아이들에게 소, 양, 염소, 토끼 같은 걸 목장에서 기르게 하고 싶었어요. 지금도 저는 산에서 우리 식량 문제를 해결해야 한다고 봅니다. 우리 국토의 70퍼센트가 산이니까 그 특징을 살려 유실수와 목초를 통해서 식량 문제를 해결해야 한다고 생각해요. 농과대학 교수들은 반성해야 해요. 당 원료가 될 수 있는 캐나다 단풍을 들여와서 산에다 안 심고 가로수나 정원수로 심었어요. 설탕 원료를 사지 않을까 봐 그래요. 쿠바 같은 나라 망치면서 사탕수수 꼭 수입해야 되는 게 아니지요. 당 원료가 되는 건 무궁무진하게 있습니다. 농업 기술도 어린 학생들에게 발전 가능하다는 전망을 심어 주면 자기들이 다 찾아요. 한때 우리가 하던 농장에서 접붙인 것 덕분에 전국 곳곳에 잣나무, 밤나무, 호두나무 묘목을 심을 수 있었어요. 그런데 이렇게 우리 삶에 중요한 일도 돈벌이가 안 되는 일은 안 퍼져 나갑니다. 잘못된 생각의 포로이고 희생자이지요. 저는 학생들이 이런 걸 스스로 깨달아야 한다고 생각합니다.

최 학교를 직접 관리하지 않는다고 하셨지만 운영 철학이 있을 텐데요.

채 학교 교직원들에게 '여러분의 직장'이라는 걸 강조합니다. 학교가 행복한 곳이 되느냐 하는 것은 교직원 스스로 결정하는 겁니다. 자신들의 삶터이고 자신들이 가꾸고 만드는 것입니다. 사실은 모든 수업 시간에 교사들이 교장이고 절대권을 갖습니다. 그런데 교사들이 과연 그런 책임과 자긍을 갖느냐는 거예요. 학교 선생들은 우등생이었기 때문에 선생이 되었어요. 그렇기 때문에 도리어 한심한 성적 경쟁에서 이겼다는 것을 제발 가르치려고 하지 말아야 해요. 서로서로 배우는 학교가 되어야지 가르치려는 학교가 되면 망합니다. 저는 학생들이 자기 하고 싶은 것을 찾아내는 게 중요하다고 말해요. 아이들 스스로 알아내게 일깨워 주고, 배우도록 도와주는 것이 우리가 할 일이지요. 교사들은 가르치는 사람이 아니고, 아이들이 배우도록 깨달을 수 있게 도와주는 사람입니다. 학생들이 스스로 생각할 수 있는 힘을 키우는 데 훼방만 안 해도 훌륭한 선생이에요.

최 교장 선생님들은 어떤 분들을 모셔 오나요? 전에 교육운동하다 교통사고로 다리를 다친 전교조 출신 선생님도 계신 것으로 아는데요.

채 지금도 계십니다. 교장 하다가 임기 마치고 평교사로 수학을 가르치고 있어요. 교장은 보직이지 군림하는 게 아니라는 개념으로 평교사로 돌아간 거지요. 교장 자리가 나면 다시 교장을 할지도 모르지요. 저는 교사들이 어떻게 점수를 따서 교장이 되는지 알기 때문에 평교사가 아니면 교장으로 모셔 올 생각 안 합니다.

최 공교육을 위해서 지금 가장 먼저 해야 할 일은 무엇이라고 보시는지요?

채 지금 공교육이 엉망인데, 교육이라는 말의 근원부터 안 바꾸니 가르치고 키우는 고압적인 자세가 돼요. 내가 가르치는 게 아니고, 우리가 가르치는 게 아닙니다. 학교는 배우는 집이고, 배우는 일이 벌어져야지요. 우선 사범대나 교육대학 교수들부터 다 내보내거나 교육에 대한 생각을 바꾸도록 해야지요.

최 선생님이 세상에 일침을 가하는 말씀을 하고 계신데요. 선생님 삶은 누구의 영향이 컸습니까?

채 학교교육, 선생님, 아버지 영향도 있지만 가장 중요한 건 친구들입니다. 제가 아까 학교는 은폐된 폭력배를 키운다고 했는데, 그래서 요새는 아이들을 학교에 안 보내는 부모도 많습니다.

그런데 학교에 가면 친구가 있어요. 내가 나이듯, '쟤도 쟤다'라는 걸 친구한테 배워요. 친구는 이겨야 할 대상이 아니지요. 친구와 치고받고 싸우다가 친구를 이긴 순간에는 자랑스럽지만 시간이 지나면 후회가 들어요. 질 때는 어떻게든 이기려고 하는데, 이게 참 이기고 나면 후회가 돼요. 학교에서 가르치는 대로 따라가기만 하면 안 돼요. 바보가 돼요. 친구한테 배웁니다.

최 자녀들은 어떻게 자랐고 가정에서 교육은 어떻게 하셨는지요?

채 저는 지나치게 돌아다니느라 바빠서 애들하고 지내거나 놀아주지 못했어요. 아무래도 가정교육은 아이들 엄마가 했지요. 남을 이기는 게 능력인 줄 알까 봐 조심했어요. 그래서 성적에 관심을 안 가지려고 했어요. 제가 경쟁심이 강한 인간이라 그걸 따라 배울까 조심했어요. 돈 있는 집에서 남을 이기는 것까지 알았다가는 살인적이 될 게 아닙니까? 저도 형님 자살 덕에 확 변한 거지요. 제가 만일 법조인이 됐으면 독재 권력 아래서 악랄해졌을 거예요. 남을 이기는 걸 목표로 하는 학교는 바뀌어야 해요. 전 세계가 절대 그래서는 안 됩니다. 경쟁은 동물처럼 더불어 살기 위한 경쟁이어야지 남을 이기기 위한 경쟁을 하면 안 돼요. 그런데 학교가 만들어 낸 경쟁은 악마적인 경쟁입니다. 남도 살아야 나도 삽니다. 저는 아이들이 우리 집이 부자인지 모르게 집도 작았고, 텔레비전, 전화기, 라디오도 없었어요. 아버지가 부자인 걸 느끼는 순간 망하는 거니까요. 아이들 넷이 대학은 나왔고 두 아이는 유학도 갔지요. 학교 다닐 때 성적을 물어본 적이 없습니다. 꼴찌 가까이 한 아이도 있었지만 아무렇지 않게 컸습니다. 성적 몇 등이라는 게 자랑도 아니고, 부끄러운 것도 아닙니다. 그런데 스스로 깨닫더라고요. 제가 볼 때 우리 아이들은 멍청하게 컸는데, 멍청하게 당하면서 깨달은 겁니다. 가르치면 스스로 깨닫는 능력이 안 생깁니다. 당해 봐야 스스로 깨닫는 능력이 생깁니다. 가르쳐서는 안 생깁니다.

최　학교가 있는 양산에도 집이 있으세요? 서울에서 왔다 갔다 하시는지요?

채　경비실 뒤에 경비실과 똑같은 집이 있습니다. 학교에 있으면 사람들이 아침하러 오기 거북하잖아요. 그래서 집이 학교에 있습니다. 여유 있게 살고 싶어서 내려가 있을 때가 많아요. 잠도 안 오고 책 보기 좋으니까요. 또 그만둔 교장 같은 젊은 사람들이 끼워 주니까요. 요즘 늙은 사람을 누가 끼워 줘요.

최　학생들과 이야기 나눌 기회가 있으신지요? 이런 정신만큼은 갖고 살아야 한다고 강조하는 말씀을 들으면서 대담을 마무리하겠습니다.

채　학생들에게는 말조심을 합니다. 제 생각이 주입이 되면 안 되니까요. 학생들에게는 졸업식, 입학식 같은 데서만 짧게 말합니다. 잘 자라 주고 학교를 다녀 준 것만으로도 성공이라고 하면서 주로 이런 말을 합니다. "삶 자체가 성공이다. 배우겠다는 마음을 계속 갖는 것도 성공이다. 자기답게 긍정적으로 인생을 살기를 바라는데 내 영향이 위험하니 잊어버려라. 내 말이 설혹 그럴싸하더라도 내 말은 잊어버려라. 자기답게 스스로 생각하며 자기 삶을 살아라." 아, 그리고 상 받는 친구들한테 이런 말도 합니다. 상 못 받는 친구 덕에 상 받는 걸 잊으면 안 된다고요.

〈개똥이네 집〉 2016년 12월호

동국대학교 의과대학 교수

김익중

우리 국민들은 학교와 언론으로부터 원자력이 안전하다, 경제적이다, 원자력을 대신할 에
너지가 없다는 교육을 받고 있다. 우리나라에서 헌신적으로 탈핵운동을 하는 사람 가운
데 한 명인 김익중 교수는 이것이 거짓 주장이라고 반박한다. 평화로운 나라는 일상이 안
전한 나라이고, 안전한 나라는 핵이 없는 나라다. 김익중을 만나 핵 이야기를 나누었다.

탈핵은 우리 아이를
안전한 나라에서 살게 합니다

최창의 경주에 있는 동국대학교 의과대학 교수인데, 경주에 살고
　계시지요?

김익중 경주가 집이죠. 한 30년 가까이 살고 있고, 서울에는 탈핵
　운동 일로 가끔 오죠.

최 그 얘기부터 해 보고 싶어요. 선생님은 미생물학을 전공한 미
　생물학 교수인데 어떻게 핵 문제에 관심을 갖게 되었는지요?

김 경주에 핵발전소가 여섯 개 있어요. 방폐장(방사성폐기물 처
　리장)도 있고요. 그런데 2011년에 일본 후쿠시마에서 핵사고가
　났는데 방사능이 나오더라고요. 핵발전소는 사고가 나도 폭탄
　처럼 확 터지는 게 아니라서 방사능이 누출돼 건강에 영향을
　주지 않는다면, 사람에게는 안전하거든요. 그런데 방사능에 오
　염되면 수백, 수천 년 동안 사람들 건강에 영향을 미쳐 여러 질

병에 걸리게 해요. 의사 입장에서 핵 문제는 의학 문제인 겁니다. 학자로서, 의사로서 의무감을 갖게 됐습니다.

최 후쿠시마 핵사고 전에도 환경운동연합 활동을 하셨죠?

김 네. 후쿠시마 핵사고 나기 삼사 년 전부터 방폐장 반대 활동을 했죠. 제가 사는 지역의 중요한 현안이었으니까요. 방폐장 안전성에 대해 검토하고 있었어요. 그러다 후쿠시마 핵사고가 일어나 큰 충격을 받았어요. 원자력 선진국이라는 곳에서 대규모 사고가 일어난 걸 보고 우리도 사고가 나겠다 생각을 한 거죠. 근데 우리나라에서 핵사고가 나면 국가 재앙이 돼요. 사고 날 확률도 높고요. 그래서 탈핵으로 가야겠다고 생각한 거죠.

최 원자력발전소, 핵발전소 어떤 용어가 맞나요?

김 우리나라는 원자력발전소(원전)라고 써요. 그런데 이렇게 부르는 나라는 우리나라하고 일본뿐이에요. 핵발전소가 맞는 말입니다. 핵의 위험성을 느끼지 못하게 하려고 원자력이라는 말을 쓰게 하는 거죠.

최 예. 그러면 이제부터 핵발전소라고 쓰겠습니다. 이번에 영화 〈판도라〉가 상영되면서 사람들이 핵발전소가 터지면 정말 위험하겠구나 하는 생각을 하게 된 거 같아요. 핵발전소가 터지면 어떤 일이 생기나요?

김 핵발전소가 터지면 〈판도라〉처럼 될 겁니다. 엄청난 방사능
이 나올 겁니다. 땅을 오염시킬 거고요. 300년 동안 농산물에
서 방사능이 나올 거고, 온 국민이 세슘으로 대표되는 방사능
을 음식으로 먹을 거고요. 피폭이 되면 암, 심장병이 늘어납니
다. 유전병도 발생하고, 여러 질병들이 늘어나지요. 그래서 살
기 위험한 땅이 된다고 봐야 합니다. 그래서 절대 사고가 나면
안 되는데, 우리나라에서 사고 날 확률을 계산해 봤어요. 세계
핵발전소가 450개인데 여섯 개가 터졌어요. 미국 스리마일, 옛
소련(지금은 우크라이나) 체르노빌, 일본 후쿠시마에서 네 개 이
렇게 모두 여섯 개가 터졌단 말이에요. 그러면 사고 날 확률은
450분의 6이죠? 우리나라에 핵발전소가 25개 있으니 450분의
6에 25를 곱하면 되지요. 그러면 30퍼센트가 나와요. 우리나라
에서 핵사고가 날 확률이 30퍼센트예요.

최 30퍼센트라면 사고 날 확률이 매우 높은 거네요. 그러면 25
개 가운데 가장 위험한 것이 있나요?
김 후쿠시마 핵사고를 보면 후쿠시마 핵발전소 10개 중에 30년
넘은 핵발전소만 터졌어요. 노후 핵발전소가 그만큼 위험한데,
우리나라에는 30년 넘은 핵발전소가 여섯 개 있지요.

최 심각하네요. 농산물에서 방사능 물질이 300년 나온다고 했
는데, 방사성폐기물이 없어지는 데도 10만 년 걸린다고 들었는

데요.

김 방사성폐기물은 두 가지로 나눠요. 고준위와 중저준위로요. 고준위는 원자로 안에 있던 핵연료를 말합니다. 그거는 사람이 보고만 있어도 죽어요. 그 앞에 서 있으면 죽어요. 방사능이 엄청나게 나옵니다. 고준위는 10만 년 동안 보관해야 돼요. 그걸 뺀 중저준위는 300년 정도면 사라진다고 원자력계에선 말하고 있어요. 그러니 중저준위 방폐장은 300년만 가두면 돼요. 근데 그게 불가능합니다. 기술이 안 됩니다. 콘크리트를 300년 동안 유지한다는 게 불가능해요. 300년도 어려운데 10만 년을 보관해야 하는 고준위는 어떻겠어요? 그런데 저는 원자력계가 말하는 이 말에 동의하기 어렵습니다. '영원히'라고 봐야죠.

최 생각만 해도 끔찍합니다. 피폭되었을 때 생기는 병에 대해서도 자세히 말씀해 주시겠어요.

김 방사능에 피폭되면 스무 가지 정도의 질병이 생겨요. 가장 흔히 생기는 게 암입니다. 각종 암이 발생합니다. 두 번째가 유전병이에요. 태아 유전자에 이상이 생기면 기형아도 나올 수 있지만, 유전자에 이상이 있는 태아들은 대개 유산이 됩니다. 그래서 자연유산이 많아지고요. 뇌에 이상이 있는 기형은 발달장애가 올 수 있는데, 초음파로 미리 알 수 없지요. 세 번째가 심장병입니다. 심장마비, 심근경색 환자가 많아지는데, 심장병은 갑자기 죽습니다. 가만히 살다가 달리기 한 번 했는데 죽는

다든지 하는 일들이 많아집니다. 일본에서는 이미 이런 환자들이 늘고 있어요. 그다음이 백내장, 신장염을 비롯한 여러 병이 생깁니다.

최 환경이 오염되는 문제도 있지요?

김 그렇죠. 환경이 완전히 바뀌는 거죠. 환자가 생기는 까닭이 방사능 물질이 몸에 들어오기 때문이거든요. 음식물로 들어오고, 호흡하면서 공기 중에 있던 방사능 물질이 폐로 들어오지요. 그런데 그 일이 300년 동안 계속된다는 거예요. 300년이면 열 세대예요. 증손에 증손에 증손까지 날마다 세슘을 먹는 거죠. 땅이 좁은 우리나라는 나라 전체가 오염되기 때문에 다 이민 가야 돼요. 어떤 노력을 해도 피폭력을 줄일 수 있는 방법이 없어요.

최 제가 후쿠시마 핵사고 나고 한동안은 동태하고 고등어를 안 먹었어요. 그때 사람들이 충격을 받고 경각심을 가졌어요. 그런데 지금은 뭔가 눈에 안 보이니까 다시 동태를 먹듯이 무감각해졌어요.

김 두 달쯤 전에 일본 의사들이 우리나라 국회에서 발표를 했습니다. 여러 암들이 늘고 있고, 유전병에 속하는 주산기(출산 전후의 기간) 사망률도 늘고 있다고요. 그렇지만 어느 동네에서 한꺼번에 사람이 죽는 게 아니니까 잘 모르는 거죠. 방사능은

냄새도 안 나고, 눈에도 안 보이고, 만질 수도 없고, 느껴지지 않거든요. 얼마 전에 후쿠시마를 갔다 왔는데 무감각하지 않으면 정신병에 걸릴 거예요.

최 우리나라 핵발전소가 터질 확률이 30퍼센트라 했는데 다른 나라와 견주면 위험성은 어떤가요?

김 세계 핵발전소 450개가 31개 나라에 있어요. 미국이 100개로 1등이고, 프랑스가 58개로 2등이에요. 일본이 54개로 3등이고, 러시아가 32개로 4등이고요. 우리나라가 21개로 5등이고요. 그 사이에 더 늘어서 25개가 됐습니다. 중국이 우리 아래에 있었는데 위로 올라왔어요. 중국이 지금 3위쯤 됐을 겁니다. 사고 났던 나라들을 보면 미국 스리마일에서 1975년에 첫 번째 사고가 났지요. 핵발전소가 가장 많은 나라에서 첫 번째 사고가 난 거죠. 두 번째 사고는 1986년에 소련의 체르노빌에서 났죠. 그때 소련은 핵발전소가 66개로 2등이었어요. 2등이었던 나라에서 두 번째 사고가 터진 거죠. 그리고 3등 프랑스에선 다행히 사고가 안 났고, 4등인 일본에서 사고가 났어요. 그러니까 핵발전소 수가 많은 나라 차례로 사고가 났어요. 핵발전소가 많을수록 그만큼 사고 확률이 높다는 거죠. 그렇게 보면 다음 사고는 프랑스나 한국이 위험하지 않겠어요? 그런데 프랑스는 핵발전소를 줄이고 있는데, 우리는 늘리고 있어요. 그래서 저는 굉장히 긴장감이 커요.

" 세계는 핵발전에서 10퍼센트를, 재생에너지에서 22.8퍼센트의 전기를 얻습니다. 우리나라는 재생에너지에서 고작 1퍼센트의 전기를 얻고 있어요. 많은 나라들이 재생에너지에 투자하고, 핵발전소를 줄이는 추세입니다. 30년 동안 유럽에서는 30개를 없앴고, 미국에서는 10개를 없앴어요. 그러는 동안 한국, 중국, 인도만 핵발전소를 새로 지었어요. 핵발전 사업은 세계적으로 사양산업인데 우리 국민들은 그걸 몰라요. "

최 우리나라는 국토가 좁고, 핵발전소가 밀집돼 있어서 다른 나라보다 훨씬 파장이 클 거 같아요.

김 그렇습니다. 아주 위험합니다. 땅이 좁은 데다 핵발전소 둘레에 대도시가 있어요. 후쿠시마는 핵발전소 30킬로미터 안에 사는 인구가 20만 명이 안 되는데, 우리는 300만 명이에요.

최 정부는 위험성이 크고, 문제가 많은 핵발전소를 계속 확대하는 정책을 쓰잖아요. 자꾸 확대하는 까닭이 무엇인지요?

김 핵발전소를 하면서 이익을 얻는 사람과 손해를 보는 사람이 있어요. 누가 이익을 봤을까요? 원자력 산업계 사람들이 많은 이익을 얻었죠. 누가 손해를 봤을까요? 온 국민이 손해를 봤지요. 그런데 국민들은 이 문제를 잘 모르거나 관심이 없어요. 원자력계는 확실하게 이익을 얻고 있는 상황이었으니까 계속해서 정부 정책을 그쪽으로 가도록 했지요.

최 그렇게 이득을 보는 집단을 '핵마피아'라고도 하잖아요. 그런데 정부 기관에 있는 사람들이 국민을 조금이라도 생각한다면 핵발전소 위험성을 무시하고, 왜 이렇게 다른 방향으로 치닫는 건가요?

김 원자력계는 경제적인 이익을 직접 얻는 기관이고, 정치, 행정, 교육, 언론 이쪽은 원자력계로부터 설득당한 걸로 봐야 돼요. 이들뿐 아니고 온 국민이 설득을 당했지요. 원자력계가 하는 말을 그대로 받아들이고 있잖아요. 원자력은 안전하다, 원자력은 경제적이다, 원자력 외 대안이 없다, 이 세 가지예요. 이 세 가지를 국민 모두가 믿게 만들었지요. 저는 '세 가지 미신'이라고 하는데, 이걸 조직적으로 홍보하고 교과서로 가르쳤어요. 교과서 내용을 '친원전' 쪽으로 바꾸는 일만 하는 집단이 있어요. '원자력문화재단'이라는 곳인데, 일 년에 100억 원씩 써서 교과서 수정하는 일을 해요. 그 100억 원도 국민들이 내는 전기요금에서 '원자력'이라는 이름으로 홍보를 하는 겁니다. 수십 년에 걸쳐 그 일 해서 대한민국에서 고등학교 졸업하면 세 가지 미신을 믿게 만들어 놓아요. 학교를 졸업한 뒤에는 주요 언론으로부터 반복 교육을 받으니 국민 모두가 세 가지 미신을 믿고 있어요. 종교처럼요.

최　세 가지 미신을 선생님께서 깨 주세요.

김　후쿠시마 핵사고가 나서 '원자력이 안전하다'는 미신은 깨졌어요. 아무도 핵발전소가 안전하다고 안 해요. 두 번째 경제적이라는 것도 거짓말입니다. 지금 정부에서는 건설비만 계산해요. 나중에 드는 돈, 그러니까 핵폐기물 보관하는 비용, 사고 났을 때 드는 비용을 계산 안 하는 거지요. 사고 났을 때 돈이 얼마 드느냐면 일본이 지금까지 200조 원을 썼고, 앞으로 1,000조 원이 더 들어갈 거예요. 그 엄청난 돈을 한수원(한국수력원자력)이 감당할 수 없고, 법에도 정부 예산으로 수습하도록 되어 있어요. 선진국은 핵발전이 그 비싸다는 태양광보다 더 비싸다고 계산해요. 그런데 우리나라는 가장 싼 석탄 화력보다 더 싸다고 평가를 해요.

최　세 번째가 '원자력은 대안이 없다'인데 제가 세계 전력 생산에 관한 통계를 찾아보다가 좀 놀랐는데, 재생에너지(자연계에 존재하는 에너지)라고 얘기하는 풍력이나 햇빛에서 전기를 얻는 게 22퍼센트나 되더라고요. 오히려 핵발전이 차지하는 비중은 10퍼센트 정도밖에 안 돼요.

김　우리 국민들은 핵발전소가 없으면 바로 전기가 없어지고, 그러면 공장들이 서 버려 경제가 못 버틸 거라고 믿고 있어요. 우리나라는 핵발전에서 전기의 30퍼센트를 만들고, 70퍼센트는 화력입니다. 세계는 핵발전에서 10퍼센트를, 재생에너지(태양열, 풍력, 바이오메스가 주이고, 그 외 지열, 수력, 조력, 파력)에서 22.8퍼센트의 전기를 얻습니다. 우리나라는 재생에너지에서 고작 1퍼센트의 전기를 얻고 있어요. 많은 나라들이 재생에너지에 투자하고, 핵발전소를 줄이는 추세입니다. 30년 동안 유럽에서는 30개를 없앴고, 미국에서는 10개를 없앴어요. 그러는 동안 한국, 중국, 인도만 핵발전소를 새로 지었어요. 핵발전 사업은 세계적으로 사양 산업인데 우리 국민들은 그걸 몰라요. 정부가 국가 기밀처럼 감추니까 다른 나라에서 무엇으로 전기를 만드는지 몰라요.

최 저도 예전에 교육위원 할 때 학교 옥상에 태양열 발전을 해 보자고 조례도 만들고 했는데 교육청이 안 해요.

김 정부가 정책적으로 재생에너지 쪽으로는 투자를 안 하려고 해요. 국민들에게 재생에너지는 현실적이지 못하다고 믿게 만들어 놨어요. 재생에너지는 비싸다, 전기도 별로 안 나온다, 효율이 낮다, 땅이 좁아서 태양광 올릴 자리 없다, 풍력 해 놓으면 소음 때문에 사람이 괴롭다, 새들이 와서 부딪힌다 하면서 부정적인 이야기만 잔뜩 하는 거죠. 다른 나라들은 좀 비싸더라도 정부가 정책적으로 키웁니다. 왜냐하면 그게 미래에너지고, 청정에너지고, 국산에너지이기 때문입니다.

최 핵발전소와 핵무기는 관련이 있나요?

김 핵발전소와 핵무기는 우라늄이라는 같은 원료가 들어갑니다. 사실 핵무기에는 우라늄이 10킬로그램 들어가는데, 핵발전소에는 우라늄이 100톤 들어갑니다. 만 배나 더 들어가죠. 1945년에 미국이 일본에 투하한 원자폭탄이 첫 핵무기인데, 도덕적으로 지탄을 받으니까 '핵의 평화적 이용'이라는 이름을 내걸고 핵발전소를 만든 거지요. 핵무기를 갖기 위해 위험하지만 핵발전소를 시작한 거예요. 태양광이 풍부한 아랍에미리트가 왜 우리나라에서 핵발전소를 수입하려 하겠어요? 핵무기를 가질 토대를 마련하려는 거죠. 핵발전소와 핵무기는 뗄 수 없는 관계입니다. 핵무기 없는 평화를 바란다면 핵발전소를 없애는 활동을 함께 해야지요.

최 탄핵활동가로 어려운 일을 하고 있으니 고맙다는 말씀을 드립
　니다. 마지막 말씀 부탁드리며 오늘 만남을 마무리하겠습니다.
김 정부가 정책 방향을 바꾸는 게 가장 중요하고, 국민들은 삶
　의 유형을 바꿔 재생에너지 만드는 일을 해 보고, 전기를 아끼
　는 실천을 하면 좋겠습니다. '우리동네햇빛발전협동조합' 같은
　데 가입하는 것도 방법입니다. 이번에 정권이 바뀌면 에너지 정
　책이 바뀔 거라고 굳게 믿고 있어요. 국민들에게 진실을 알리
　고 여태까지 원자력 홍보에 지배당했던 에너지에 대한 잘못된
　생각들을 뜯어고치는 그런 날이 올 거라고 생각합니다.

〈개똥이네 집〉 2017년 5월호

행복한미래교육포럼 대표

최창의

2016년 9월 5일 전국시도교육감협의회가 열리는 서울 앰배서더 호텔 앞에서 쉼이있는교
육 시민포럼이 기자회견을 하였다. 학원 심야영업 10시 제한과 학원 휴일휴무제를 안건으
로 다룰 예정이었다. 호텔 앞에서 교육감들을 만나 문건을 전달하며 찬성을 부탁해야 했는
데 그때 큰 힘이 된 분이 있었다. 17개 시도 교육감을 직접 만나 인터뷰를 진행한 최창의 대
표였다. 최근에 교육감 인터뷰를 엮어서 《교육 대담》을 펴냈다. 그는 왜 교육감들을 만났
고, 무엇을 느꼈을까? 인터뷰는 2017년 1월 6일 좋은교사운동 세미나실에서 진행되었다.

교육현장에
아이들을 사랑하는
뜨거운 흐름이
있습니까?

김진우 선생님께서 교육운동에 몸담게 된 동기는 무엇인가요?

최창의 1983년에 첫 교사 발령을 받았는데 학교의 권위적인 풍
토에 실망을 많이 했습니다. 장학사가 학교에 오면 공공연히 봉
투를 건네는 시절이었어요. 《페다고지》 같은 책을 읽으면서 교
육문제를 해결하려면 구조를 바꾸어야 한다는 인식을 갖게 되
었죠. 그때 YMCA 초등교육자회를 제 발로 찾아갔어요. 겁먹고
떨면서 말이지요. 이후 그것이 전국교사협의회로 발전하고 전
교조 활동까지 이어지면서 해직을 당했지요. 10년 정도 바깥에
있다가 1998년 말에 복직을 했는데 전교조가 합법화되었다고
해서 우리가 추구했던 교육이 실현될 가능성이 잘 보이지 않았
습니다. 학교는 근본적으로 변하지 않았는데 학생들은 많이 달
라져 있었어요. 복직한 뒤 갈등을 하며 3년 정도 지난 시점인
데 당시 고양시에 러브호텔 반대 운동이 굉장히 크게 벌어졌어

요. 그 상황 속에서 교육시민단체가 제도를 바꾸는 일에 행정
적으로 뒷받침할 필요가 있다는 요구가 일어났어요. 그에 더해
서 저는 이제는 반대 운동만이 아니라 대안을 제시하는 운동
이 필요하다고 생각해 교육의원으로 나가게 되었습니다. 2002
년에 경기도교육위원으로 처음 당선되어 12년 동안 3선을 하
며 활동했어요.

김 교육의원 활동을 해 보니 어떻던가요? 기대했던 성과를 거두
었다고 생각하시는요?

최 교육위원회에 들어가 보니 현실이 너무 답답한 구조였습니다.
굉장히 보수적인 교육감이 있고, 교육청은 오랜 관행대로 움직
였어요. 교육행정을 견제해야 할 교육의원들은 그저 거수기 역
할에 머무르고 있고, 교육위원회의 권한은 한계가 뚜렷했어요.
겉으로는 큰 권력을 가진 것처럼 비치는데 저는 그게 괴로웠어
요. 하지만 그대로 있을 수 없어 해야 할 일을 찾아야 했죠.

저는 우리 교육계에서 가장 소외받는 집단이 장애 학생이라
고 보았어요. 그래서 특수교육을 위해 노력하다 보니 문제 제
기가 좀 받아들여진 부분이 있어요. 특수교육보조원 제도가
자리를 잡도록 했고, 학교 엘리베이터 설치 및 특수학교 설립에
도 도움을 주게 되었습니다. 특수교육보조원 제도는 처음에는
씨도 안 먹혔는데 고양시로부터 교육경비 예산을 따오면서 교
육청 예산도 끌어냈죠. 고양시가 되니 수원, 안양 등에서도 요

구가 있었고, 경기도가 하니 교육부에서도 제도를 만들게 되었습니다.

또 김상곤 교육감 때 무상급식 파동이 있었어요. 당시 경기도의회 의원들이 예산을 삭감했을 때 동료 의원 한 사람과 8일간 본회의장에서 농성을 했는데 그게 전국적인 이슈가 되었어요. 그러면서 무상급식이 쟁점화되고 실현된 것이 나름 의미 있는 활동이라 생각합니다.

김 교육의원 활동을 하면서 교육계 전반적 흐름이 더 좋아지는 방향으로 발전했다는 느낌이 드나요?

최 전체적 흐름은 좋아졌다고 생각해요. 전시성 예산은 단순히 돈을 낭비하는 것을 넘어 학생에게 피해를 주는 것이거든요. 교육청이 쥐고 있는 예산 줄이고 학교 운영비를 늘리는 방식으로 바꾸면 선생님들이 쓸데없이 동원되지 않아요. 이런 것들은 교육위원회 예산 심의 등을 통해 좋은 방향으로 변해 왔다고 생각합니다. 여전히 안타깝고 답답한 것은 교육의 본질에서 변화가 이루어지지 않았다는 것입니다. 아이들이 꿈을 찾고 실현하는 교육이 아니라 시험점수를 따기 위한 교육에 여전히 매몰되어 있고, 승진 구조도 그대로여서 한계는 분명하죠.

김 입시 경쟁, 관료주의 같은 것들은 교육의원의 힘으로 해결하기 어렵고 교육감이 해결하기에도 한계가 있는 부분인데요. 지금은 교육의원이 아니라 교육 시민운동을 하는 입장에서 어떤 방향의 운동을 생각하고 있습니까?

최 교육의원 할 때 전국의 교육의원 17명이 함께 모여 연수를 하곤 했어요. 한탄도 많이 했죠. 교육의원이 교육감에게 아무리 요구해도 검토하겠다는 한마디면 끝이에요. 이 한계를 넘어 집행 권력이 필요하다는 생각을 하며 이후 교육감까지 진출한 분이 몇 분 됩니다. 현재 13명의 진보 성향 교육감들이 뭔가를 해 볼 수 있지 않겠는가 생각을 했어요. 그래서 열일곱 분의 교육감을 만나 보았는데 심하게 말하면 "교육감이 할 수 있는 일도 없고 그렇다고 하지 못하는 일도 없다"는 것입니다. 왜 그러냐 하면 핵심은 교육부가 쥐고 있다는 겁니다. 저는 그런 측면에서 교육부가 가진 권한을 교육감에게 이양하는 것이 중요하다고 생각하면서 동시에 교육감들에게 똑같이 이야기합니다. 당신들이 가진 권력도 학교로 내려보내야 한다고요. 저는 학교에 자율성을 줄수록 학교가 잘 돌아간다고 확신합니다.

김 그런 측면에서 교육청 중에서 분권화, 자율화를 잘하고 있는 곳은 어디였나요?

최 박종훈 경남교육감의 경우 취임하자마자 교육청 일반직 인원을 줄여서 학교 행정실로 내려보냈어요. 이번에는 산하기관을 많이 줄인다고 합니다. 바람직한 일인데 더 줄여 나가야 할 것입니다. 교육감들이 실질적 인사권이 적다고 하지만 제가 보기에는 큰 권한이 있습니다. 무엇보다 교육장을 임명할 수 있는데, 이것도 내려놓고 시민 공모 형태로 가야 한다고 생각합니다. 중앙 정부만 탓할 것이 아니라 교육청부터 혁신하는 것이 중요합니다. 나아가서 제도적 변화와 동시에 사람들의 의식 변화를 일으켜야 하거든요. 교사, 학부모가 스스로 변화할 수 있도록 교육청이 무엇을 어떻게 지원할 것인가를 적극적으로 고민해야 합니다.

김 그런 측면에서 혁신학교 정책은 어떻게 평가하시나요?

최 경기도만 놓고 보면 정체기에 와 있다고 생각합니다. 오히려 쇠퇴하고 있다는 현장의 평가도 있습니다. 혁신공감학교까지 해서 지정 학교가 90%로 늘어났어요. 겉으로는 경기도가 다 혁신학교가 되었다고 말하는데 과연 그 내용이 변화되었는가 하면 아니지요. 기존의 혁신학교도 근무하던 선생님이 떠나면 새로운 선생님이 이전에 맞춰서 하는 현상 유지 정도에 머물고 있어요. 처음에 혁신학교의 지속가능성에 대한 회의적인 생각이 있었는데, 지금 그런 예상이 맞아떨어지고 있다는 것이 안타깝습니다.

김 혁신학교의 정체나 한계가 어디서 비롯되었다고 보시나요?

최 혁신학교의 원천은 결국 교사와 학부모의 지지입니다. 이것을 놓치면 실패합니다. 그 원천을 활성화시키면 되는데 그러자면

❝ 교사는 궁극적으로 국민들의 신뢰와 제자들의 존경을 받아야 교사의 생명성이 있는 것이지요. 실천이 이루어져야 권익도 보장되고 교육 여건도 개선됩니다. 덧붙여서, 교사가 모든 것을 잃어도 아이들에 대한 사랑을 잃어버리면 끝입니다. 태생적으로 갖고 나오는 사랑이 있는데 서로 사랑해 주고 사랑받아야 그 사랑이 커집니다. 그런데 우리 교육현장에는 아이들을 사랑하는 뜨거운 흐름이 있는가 생각하면 이것이 가장 안타깝습니다. ❞

현장의 이야기를 잘 듣고 정책을 펼쳐야 하지요. 그런데 교육청 주도로 정책을 끌어가면서 조급하게 성과를 내려고 하다 보니 현장에서 일했던 분들이 기운을 잃어버리게 되는 것이지요. 또 정책이 일관성 있게 가야 하는데 전임 교육감의 정책이라고 해서 예산을 축소시켜 버려요. 그 대신 마을교육공동체에 예산이 투입되면서 혁신학교와 별개로 가다 보니 침체된 측면이 있습니다.

김 열일곱 분의 교육감을 만나면서 이분들이 가지고 있는 생각이 대체로 어떤 방향이다 하는 것이 있었나요?

최 진보 성향 교육감들은 대체로 세월호 아이들의 희생으로 탄생했다는 책무감을 가지고 있습니다. 그런 책무감을 가지고 열심히 하고 있다는 느낌을 받았습니다. 진보나 보수 공통적으로 들었던 이야기는 지금과 같은 주입식 교육으로는 미래가 없다는 것입니다. 교실의 변화를 위해 질문과 토론 중심의 수업 변화를 강조하는 것 같습니다.

김 아쉬운 부분도 있겠지요?

최 기대만큼 안 되는 부분이 많지요. 두 가지 이유가 있다고 봅니다. 첫째, 자꾸 자리에 연연하게 됩니다. 재선을 하려면 그것에 방해되는 일은 안 하려고 하지요. 두 번째는 혼자 하려고 합니다. 교육감을 흔히 지역의 교육소통령이라고 하는데, 그 지역의 우물 안에 매몰되어 있습니다. 모두 나 힘을 모으면 중앙정부의 변화를 견인할 수 있는데 이런 협력이 잘 안 됩니다. 예를 들어 자사고를 서울시교육감이 없애자고 나섰을 때 아주 궁지에 몰렸거든요. 그럴 때 교육감들이 함께 나섰어야 한다고 생각해요. 자사고 폐지가 단순히 서울시교육감의 공약 차원 문제가 아니기 때문입니다.

김 학원 심야영업 10시 제한이 지난 전국교육감협의회에서 보류되었을 때 좀 실망했습니다.

최 학원 심야교습 제한을 10시까지 당기는 것은 반드시 실시해야 합니다. 제가 이전에 교육의원 할 때 학원 시간 단축 심의를 한 적이 있습니다. 처음에 보수적 의원들이 많을 때는 하도 반대를 해서 초등 10시, 중학생 11시, 고등학생 12시로 했었는데, 김상곤 교육감 재선 이후에 반대를 무릅쓰고 10시로 만들었지요. 지금 다른 지역 교육감들이 학원 업계 압력을 의식해서 눈치를 보고 있는데 이런 일이야말로 함께 하면 이뤄 낼 수 있는 일이지요.

김 전국 시도교육청에서 잘되고 있는 부분은 무엇이라고 느끼세요?

최 전국적으로 교육현장의 청렴성이 높아진 것은 분명한 것 같아요. 예전에 교장 되려면 천만 원씩 내고 교육장 되려면 1억씩

냈던 시절도 있었다는데 지금은 그런 것들이 사라졌어요. 또 권위주의적 문화가 많이 바뀌었어요. 예를 들면 교육감이 학교를 방문할 때 사전에 알리지 않고 격의 없이 찾아가서 현장 교사들과 대화한다거나 하는 겁니다.

시도별로 특색 있는 교육정책도 보입니다. 광주의 경우 선생님들에게 직접 예산을 200~300만 원씩 줍니다. 학교에 나오기 싫어하는 등 관심이 필요한 학생과 영화도 보고, 공연도 데리고 가면서 친해지라는 것이지요. 강원도는 놀이헌장을 제정해서 시설을 지원해 주기도 하고요. 충남권 4개 교육감이 협력해서 교차 감사를 하는 것도 의미 있다고 생각합니다. 세종은 공립단설유치원을 많이 확충하고 직원 간 토론을 많이 활성화하였습니다. 대구의 학부모 교육도 기억에 남는데요. 대구는 평생교육을 학부모 교육으로 대폭 바꿔 예전 취미 활동 중심에서 자녀교육이나 학교교육에 대한 참여를 강조하는 방향으로 내용을 채우고 있었어요. 주민센터나 종교기관에도 학부모 교육을 개설하고, 못 오는 사람들을 위해 밤 10시에 학부모 교육을 위한 지방방송까지 실시하고 있어요. 제주도는 영어교육도 특이하게 했고, 학생건강증진센터를 만들어서 소아과 의사를 두 명 채용하여 모든 학교를 방문해 지속적으로 관리하고 있었어요.

개인적으로 가장 감동이 있었던 분은 자리에 연연하지 않는 김승환 교육감이었어요. 그분 좌우명이 여한 없이 살자는 겁니다. 교육부하고도 부딪칠 것은 부딪치고요. 농어촌 작은 학교 폐교도 하나도 안 했습니다. 전북에는 학교 졸업식장에 눈물이 돌아왔다는 이야기를 했는데 아이들을 생각하는 진심이 느껴졌어요.

김 이제 대선이 다가옵니다. 교육 부분에서 어떻게 대응을 해야 할까요?

최 알다시피 교육은 대선에서 후순위에 있습니다. 교육을 바로 혁신하는 사람이 성공한 대통령이 될 수 있다는 운동이 일어나야 할 것 같아요. 여러 교육운동단체가 모여서 이를 이슈화하기 위한 다양한 행동을 펼치면서 교육이 잘못되어서 얼마나 큰 문제가 일어나고 있는지 보여 주어야 해요. 또한 평등한 교육을 요구해야 합니다. 특목고, 자사고, 사교육 문제 등 불평등한 교육을 부각시켜서 이슈화해야 한다고 봐요. 일반 국민에게 친근하게 다가가는 교육 공약 용어를 잘 만드는 것도 필요하다고 생각해요.

김 지금까지 주로 교육운동에 대해 이야기를 했는데 교사로서 최창의 선생님은 어떤 교육 철학을 가지고 있는지 궁금합니다.

최 저에게 가장 큰 영향을 주신 분은 이오덕 선생님입니다. 평생 산골에서 어린이들을 가르치면서 글쓰기, 그림 등 여러 활동을 통해 아이들을 참되게 키우셨어요. 삶을 가꾼다는 것은 결국 삶의 주인이 되라는 것인데, 글쓰기를 통해 민주시민을 기르는 것이 최고의 목표라고 하셨지요. 아이들을 삶의 주인으로 기르는 정직한 글쓰기, 자연을 소중히 여기는 교육, 몸으로 일하는 것을 강조하셨어요. 저도 교사로 있을 때 글쓰기 교육을 실천하면서 우리가 어떻게 살아가야 할까 토론하고 그것을 묶어서 학급문집을 내기도 하는 등 중요한 활동들을 했었지요.

김 좋은교사운동 회원을 비롯한 교사들에게 하고 싶은 말씀은 무엇인가요?

최 기독교 교사 단체라고 알려지긴 했는데 그런 색채를 막 드러내지 않아서 좋은 것 같아요. 좋은교사운동이 제안하는 정책들이 현실에 기반한 것이 많다고 생각해요. 또 지금처럼 실천운동을 강화하면서 다른 교사들에게도 확산하는 운동을 지속해 가면 좋겠어요. 교사는 궁극적으로 국민들의 신뢰와 제자들의 존경을 받아야 교사의 생명성이 있는 것이지요. 실천이 이루어져야 권익도 보장되고 교육 여건도 개선됩니다. 좋은교사운동이 그 측면을 강화해 주는 것이 굉장히 의미 있다 생각합니다.

덧붙여서, 교사가 모든 것을 잃어도 아이들에 대한 사랑을 잃어버리면 끝입니다. 태생적으로 갖고 나오는 사랑이 있는데 서로 사랑해 주고 사랑받아야 그 사랑이 커집니다. 그런데 우리 교육현장에는 아이들을 사랑하는 뜨거운 흐름이 있는가 생각하면 이것이 가장 안타깝습니다. 혁신교육의 근본 역시 아이들에 대한 사랑 때문에 교실을 혁신하고 기능도 배우는 것인데요. 이것이 뒷받침되지 않고 자꾸 기능적으로 수업 기술을 어떻게 할 것인가 등이 강조되는 것은 문제입니다. 아이들에 대한 사랑을 회복하고 교사끼리 어떻게 아이들을 사랑하며, 사랑을 키울 수 있을지 이야기해야 합니다.

함께 모이면 아이들을 이야기하는 교사들이 되었으면 좋겠습니다. 교육행정가도 교사도 늘 아이들의 삶을 이야기하고, 그 삶을 우선에 두고 교육운동이 이루어지고 정책도 연수도 이루어졌으면 좋겠는데, 요즘 교사들 모임 속에 아이들 이야기가 빠져 있습니다. 저는 그게 참 놀랍고 안타깝습니다.

김 향후 어떤 계획이 있으신가요?

최 교육 변화는 개인의 힘으로 할 수 없는 것 같아요. 교육감 혼자 권력을 독점해도 안 되는 것 같고요. 교육을 진정으로 고민하는 사람들이 집단적으로 고민하고 그 속에서 함께 만들어가고 운영하는 권력이 되어야 한다는 생각을 하고 있습니다. 줄곧 그런 차원의 일을 해 보려 합니다. 여러분들도 관심을 가지고 함께 모여 어떤 교육 권력을 만들어 낼지 논의했으면 합니다.

2017. 1. 6. 대담 정리 김진우, 《좋은 교사》 2017년 3월호

참된 삶과 교육에 관한
생각 줍기